高等职业教育轨道交通类校企合作系列教材

机车乘务员业务

主 编 冯 准　弥耀翟　朱鹏飞

副主编 郑俊东　史洪磊

主 审 郑 雷

西南交通大学出版社
·成 都·

图书在版编目（ＣＩＰ）数据

机车乘务员业务／冯准，弥耀翟，朱鹏飞主编．—成都：西南交通大学出版社，2016.2（2019.1 重印）
高等职业教育轨道交通类校企合作系列教材
ISBN 978-7-5643-4562-4

Ⅰ．①机… Ⅱ．①冯… ②弥… ③朱… Ⅲ．①机车－乘务人员－高等职业教育－教材 Ⅳ．①F530.9

中国版本图书馆 CIP 数据核字（2016）第 026957 号

高等职业教育轨道交通类校企合作系列教材

机车乘务员业务

主编 冯 准 弥耀翟 朱鹏飞

责 任 编 辑	周 杨
封 面 设 计	何东琳设计工作室
出 版 发 行	西南交通大学出版社 （四川省成都市二环路北一段 111 号 西南交通大学创新大厦 21 楼）
发行部电话	028-87600564　028-87600533
邮 政 编 码	610031
网　　　址	http://www.xnjdcbs.com
印　　　刷	成都蜀通印务有限责任公司
成 品 尺 寸	185 mm×260 mm
印　　　张	12.25
字　　　数	304 千
版　　　次	2016 年 2 月第 1 版
印　　　次	2019 年 1 月第 3 次
书　　　号	ISBN 978-7-5643-4562-4
定　　　价	29.80 元

课件咨询电话：028-87600533
图书如有印装质量问题　本社负责退换
版权所有　盗版必究　举报电话：028-87600562

前　言

随着铁路行业的飞速发展，铁路行车设备的更新换代，以及2014年新版《铁道技术管理规程》的发行，铁路运输生产工作也产生了巨大的变化。本书基于以行业为依托的办学标准，依据行动导向教学理念，通过对机务段的大量调研和相关资料的搜集，按照项目教学和任务导向式教学思路的设计编写完成。

本书紧密结合现场实际，力求深入浅出、通俗易懂，以期大幅提高教学和学习效率，节约教学和学习成本。本书注重使用者能力的训练，以一次乘务作业标准为主线，将知识与实践技能逐步展开，并加以完善，同时增加了新型的教学、学习工具和载体，能够在课堂教学、现场实训、作业、答疑、考核等多个环节使用。通过模拟一次乘务作业全部过程，使学生学习和掌握相关知识，并培养学生的团结协作、自主学习、自我评价、归纳总结等多种综合能力。

本书由辽宁铁道职业技术学院冯准、弥耀翟、朱鹏飞任主编，三人均有多年的现场行车经验。由沈阳铁路局锦州机务段郑俊东、沈阳铁路局锦州职工培训基地史洪磊担任副主编，由沈阳铁路局锦州机务段郑雷担任主审。本书的编写工作同时也得到现场相关单位的大力支持，在此表示衷心感谢。

由于本书的编写是一种新型尝试及编者能力有限，难免有不足之处，恳请有关专家、教师、学员提出宝贵意见。

编　者

2015年12月

目 录

项目 1　机车乘务员出勤作业 1

项目 2　接车及库内作业 20

项目 3　出段与挂车作业 49

项目 4　发车、运行与调车作业 63

　任务 4.1　发车作业 63

　任务 4.2　途中操纵 74

　　子任务 4.2.1　途中操纵一般要求 74

　　子任务 4.2.2　不同线路的列车操纵 79

　　子任务 4.2.3　特殊条件下的列车操纵 83

　　子任务 4.2.4　制动机的操纵 86

　任务 4.3　调车作业 89

　任务 4.4　事故与救援 101

　　子任务 4.4.1　铁路行车事故等级划分 101

　　子任务 4.4.2　事故报告及事故调查 106

　　子任务 4.4.3　事故责任判定和损失认定 112

项目 5　到达、入段与退勤作业 116

　任务 5.1　终到站作业及入段作业 116

　任务 5.2　机车整备及退勤作业 120

　任务 5.3　机车保养 152

项目 6　一次乘务作业 159

参考文献 190

项目 1　机车乘务员出勤作业

机车乘务员出勤作业是机车乘务员一次乘务作业的起点，更是关键作业环节，往往由于机车乘务员出勤时没有标准化作业，在最开始的阶段就已经存在了风险点。如果没有得到有效的卡控，那么很难保证列车运行的安全。

出勤作业中，乘务员要按规定时间保休，以饱满的精神状态投入机车乘务当中去；绝对禁止饮酒，对于测酒不合格的人员，要立即终止其工作；认真核对施工揭示，做到逐字核对、不错不漏；按规定验卡，验卡条目准确；遇有施工明示图时，按照规定进行施工模拟开车，保证人人过关；认真听取出勤调度员传达的行车通报及重要事项；开好小组出勤会，根据天、地、人、车等情况，排查本次乘务的安全风险点，并制定好卡控措施。

> 任务布置

1. 能判断出勤人员是否满足出勤条件
2. 能看懂机车交路图
3. 能正确核对施工命令
4. 标准化完成出勤工作

> 相关知识

一、机车乘务员基本管理制度

（一）基本要求

机车乘务员必须具备下列基本条件：

（1）思想品德好。在任职、提职、改职前，必须按照铁路职业技能培训规范要求，进行拟任岗位资格性培训，并经职业技能鉴定和考试考核，取得相应职业资格证书和岗位培训合格证书后，方可任职。新任机车乘务员年龄原则为 18~25 周岁。

在任职期间，须按照铁路职业技能培训规范和有关规定，定期参加岗位适应性培训和业务考试。考试不合格的，不得继续履职。

（2）在任职前，必须经过健康检查，身体条件不符合拟任岗位职务要求的，不得上岗作业。

在任职期间，要定期进行身体检查，身体条件不符合任职岗位要求的，应调整工作岗位。

（3）积极参加日常安全生产知识和劳动纪律的教育、考核，努力提高日常政治和技术业务水平，达到铁路总公司机车乘务员"应知应会"的标准。

（4）驾驶机车必须持有国家铁路局颁发的驾驶证。变更驾驶机（车）型前，必须经过相应的技术培训并考试合格。

实习和学习司机驾驶机车，必须在正式值乘、值班人员的亲自指导和负责下，方准操作。

（二）班组配制及管理

（1）对机车乘务员，实行运用车间、机车队、班组分层管理。机车乘务员的班组，包乘制为机车包车组，轮乘制为轮乘组。

（2）机车乘务员的定员和配备，由铁路局负责。各铁路局按劳动定员标准核定定员时，考虑下列因素：

① 另配适当比率的预备率、在职培训率和后续培养率；

② 春节和暑假临客任务较大的机务段，可适当增加预备率；

③ 由于特殊原因需要增加的备用人数。

（3）一个区段内，运行图中规定由电力机车牵引的旅客列车连续运行（中途无停站）4 h 以上的，每班配 2 名司机轮流操纵，不操纵的司机代务学习司机工作。

（4）实行包乘制的机车，每台可设包乘司机长一人；实行轮乘制的每 3~5 班可设轮乘司机长一人。司机长除执行司机本身职务外，还要领导包乘（轮乘）组全体成员保养好机车、质量良好地完成运输生产任务。

（5）机车司机的主要职责是：在机车队和司机长领导下，组织本机班按列车运行图行车，认真执行规章制度，确保安全正点、平稳操纵，质量良好地完成运输任务；搞好机车保养，努力节约油、水、电；正确及时地填写司机报单和机车检修登记簿等原始资料。学习司机的主要职责是：在司机的领导下，认真执行一次乘务作业标准。

（6）对于机车乘务员动态及包车情况，机务段按要求于每月末书面报铁路局。铁路局每半年汇总一次报铁路总公司。

（三）任用与技术培训

1. 任用

（1）机车乘务员应从机车专业的大、中专（技）毕业生中录用，并应获得职业资格证书，其他新分配做机车乘务工作的人员，经高中文化考试合格，再进入铁路培训中心进行专业技术学习一年以上，培训合格并取得职业资格证书后，方能担当乘务工作。

（2）机车乘务员在转换使用机车类型时，需经理论和实作的专门培训。经考试合格，方可填发转型机车司机驾驶证和学习司机证。

2. 技术培训

（1）机务段应设职工教育室（科），并根据铁路总公司有关文件的规定，配齐专职技术教育人员，负责日常技术教育工作。

技术教育人员，要经常深入运输生产第一线，调查研究，掌握情况，有针对性地开展技术业务教育工作。

机务段教育室（科）应建立正常的教学制度，备有基本的教学手段，配备机车模拟操纵装置，做到学习有资料，演练有场地，操作有实物，分解有模型，充分利用工作现场进行直观教学。

（2）机务段教育室（科），要根据安全和运输生产的需要，提出年、季机车乘务员脱产技术培训计划，并组织实施。

机车乘务员的日常业余技术学习，每月不得少于 3 次，每次不少于 2 h。学习内容要适应运输和安全生产的需要。

机务段教育室（科），要经常组织开展群众性的岗位练兵活动，举行各种形式的技术表演赛。定期选拔技术能手，做到学用结合，力求实效，不断提高职工的技术业务素质。

（四）考核与晋升

（1）铁路局机务处对所属机务段的机车乘务员，应每半年组织一次规章闭卷考试，成绩记入个人技术培训档案，作为提职晋级的条件之一。对成绩突出的，应给予表扬或奖励；对不及格的要进行脱产培训，培训后仍不及格的调离乘务工作。

（2）晋升机车学习司机的考试，由机务段组织进行，铁路局机务处（科）监督检查。晋升机车司机，应根据需要，由机务段提出申请，经铁路局批准，在机务段考评委员会领导下进行。考评委员会由机务段长及运用、人劳、教育等有关人员组成，铁路局机务处派员参加。

（3）机车乘务员的提职必须符合下列条件：

① 工作认真负责，刻苦钻研技术，遵章守纪，热爱本职工作。

② 考试前一年内无责任行车事故；一年内做非乘务工作时间不超过 30 d。

③ 电力机车学习副司机晋升学习司机，乘务公里不少于 3 万或实际乘务工作时间不少于 1 年；学习司机晋升司机，乘务公里不少于 9 万或实际乘务工作时间不少于 2 年。

本职满 2 年以上的内燃机车副司机转用电力机车时，需在电力机车上实际乘务工作满一年以上，方可参加晋升考试。

④ 钳工、电工技能，必须达到铁路总公司规定的使用机型的等级标准。

（4）机车乘务员的晋升及考核。

现职学习司机晋升司机的考试，由铁路局统一命题，指定考评委员会主持。考试内容为：行车规章、机车构造及作用、列车牵引计算、制动机等理论知识和机车检查、操纵、故障处理等实际作业技能。

在晋升考试至任命期间，若发生责任事故，取消考试成绩及任命资格。晋升司机考试合格后，考试成绩和鉴定意见经铁路局审查后报铁路总公司核准。晋升学习司机考试合格后，考试成绩和鉴定意见报铁路局审查后核准。

（五）机车驾驶证的规定

（1）铁路机车驾驶证、机车学习司机证均由铁路总公司运输局统一印制。机车驾驶证由铁路总公司运输局核准签发，机车学习司机证由铁路局核准签发。机车驾驶证分为路内、路外两种格式。

（2）机车驾驶证专用章及钢印、机车学习司机证专用章及钢印由铁路总公司统一掌握制作。铁路机车驾驶证、机车学习司机证不得转让，如丢失或损坏，按原批准程序重新核准发放。

（3）机车司机、机车学习司机必须进行年度职务鉴定，其机车驾驶副证、机车学习司机副证没有加盖年度鉴定合格印章或鉴定不合格者，不准值乘。

（4）机务段成立鉴定委员会，每年对机车司机、机车学习司机进行一次职务鉴定，鉴定以年内本人日常工作实绩为主，并结合年内规章考试和作业标准化考核进行。每年末，持鉴定合格者的机车驾驶副证和机车学习司机副证到铁路局办理年鉴签章手续。

（5）机车司机、机车学习司机受撤职处分时，吊销其机车驾驶证、机车学习司机证，由所在单位收回保管。机车司机受撤职处分或改职做其他工作（脱离机车运用工作一年以上）需恢复机车司机职务时，由所在单位向铁路局提出申请，并经批准后，可结合年度职务鉴定，对复职者进行职务技能考核（机车操纵和检查等），合格后报请铁路局批准，并在机车驾驶副证加盖鉴定章，方可恢复机车司机职务。

（6）铁路局、机务段分别设置专（兼）职人员负责机车司机、机车学习司机晋升、考核管理工作，并设管理台账。

（六）司机报单的规定

司机报单（机统3）是统计机车、车辆运用成绩和机车电量消耗情况，考核机车乘务员工作的原始单据；是编制各种机车统计报表的主要依据。

司机报单由铁路局统一编号分发各机务段使用，机务段应建立保管、交接和检查核对制度，并指定专人负责保管。

机车乘务员必须按规定认真、如实地填写司机报单，做到字迹清楚、内容完整、数字准确。如有更改数字时，更改人应盖章证明，严禁错填虚报，确保司机报单的正确、洁净、完整，防止滥用和丢失。

机车调度员负责司机报单的日常发放、收回和登记工作，对司机乘务完毕交回的司机报单，认真审核无误后，在右上角签字及时移交给统计室；对未能及时交回的司机报单，要及时追回。机务折返段应建立交接制度，确保司机报单及时向所属机务段统计室寄送。

司机报单上的机车所属局、段名，机车型号、车号，年、月、日，乘务员姓名及出勤时分应由机车调度员填记。出勤时分按机车乘务员规定出勤时分填记，如晚于规定时，填记实际出勤时分。由机车调度员填记接车及交车时分，按实际交接时分填记。

1. 机车出入段时分

由站、段分界点值班员填记机车实际到达站段分界点的时分。如乘务员在车站换班时，由司机在本项内注明"站线换班"字样。机车在设有机务段的地点未入段折返时，由司机在本项内注明"未入段"字样。

2. 机车领取油脂

由油库发油人员填写，油脂数量以kg为单位，保留两位小数，第三位四舍五入。

3. 补机重联和有动力附挂机车

挂有重联及补机机车时，由司机填写重联及补机机车型号以及自某站至某站和机车所属段。

4. 列车运行及编组情况

由司机根据列车实际运行情况及车站交给的列车编组通知单或列车编组顺序表填记。包括车次、站名、到达时分、出发时分、停车时分、机外停车时分、早点、晚点及原因、区间公里、牵引重量（总重、载重）、客车辆数（合计、其中加挂、担当企业）、货车辆数（重车、空车、非运用车、其中代客）、其他、合计、记事。补机、重联和有动力附挂机车，应填写机车型号、区间公里、机车所属段、工作种别。

专用调车机车的司机报单应由车站指定专人负责填写。其调车与停留时分应与车站技术作业图表记载一致。

段调机车司机报单由担任段调的司机负责按担当的工作分别填写其起讫时间。

二、机车乘务员待乘保休规定

（1）待乘室（含待乘点）待乘。凡担当18时至22时开车的乘务员必须卧床休息不少于4 h（特殊规定时除外）。担当22时至次日6时开车的乘务员必须卧床休息不少于5 h。其中夜间值乘的调车机乘务员卧床休息不少于4 h。

（2）外公寓待乘。凡担当18时至6时开车的乘务员，卧床休息不少于5 h。

（3）保休时，在规定的保休时间前10 min指纹签到，未设指纹签到设备或设备故障时登记。

（4）不得饮酒。机车乘务员进入待乘室保修前进行测酒，测酒不合格立即停止其工作。

（5）手机上交。乘务员保休期间，不得接打电话，保证乘务员能充分休息。

（6）充分休息。乘务员在保休期间，应卧床休息。不得随意走动、不得闲谈。

（7）离寓（待乘室）时需按压指纹，未设指纹签到设备或设备故障时需登记，担当18时至6时开车的乘务员还须领取《机车乘务员乘前休息证明书》。需外出时，必须请销假并登记，时间不得超过1 h。

三、机车交路与乘务制

1. 机车交路

机车交路是机车固定担当运输任务的周转区段，也称机车牵引区段。

机车交路按用途不同分为客运机车交路和货运机车交路；按区段长度不同分为一般机车交路和长交路；按机车运转制分为循环运转制、半循环制、肩回式和环形小运转制交路等。

2. 机车运转制

机车运转制是指机车在交路上从事列车作业的方式，分为肩回运转制、循环运转制、半循环运转制和环形运转制。

1）肩回运转制

机车牵引列车在一个交路区段内往返一次后即进入本段者，叫肩回运转制。肩回运转制又可分为单肩回、双肩回、多肩回等几种。机车的长短交路均可采用这种运转，在我国铁路区段上，担当牵引任务的机车多采用肩回运转制。

2）循环运转制

机车牵引列车在相邻两个交路区段内作往返连续运行，直到需要进行中检或定期检修时才进入本段者，叫循环运转制。

3）半循环运转制

机车牵引列车在相邻两个交路区段内往返运行一次后即进入本段者，叫半循环运转制。

4）环形运转制

机车牵引列车在一个交路区段内连续运行几个往返后才入本段进行整备作业者，叫环形运转制。这种运转制适用于小运转列车、市郊列车或运量较大的短交路区段列车等。

5）乘务制

机车乘务制是指机车乘务员使用机车制度。

包乘制一般采用四班制，四个乘务组固定使用一台机车，轮流值乘，由一名较优秀的司机担任司机长，每5~7台机车设指导司机1名，指导司机对分管的各机车乘务机班进行技术指导和工作监督与检查。

轮乘制机车没有固定的乘务组，各乘务组轮流上车值乘，按一定的顺序轮流值乘不同的机车。

一般每15~20个乘务组设一名指导司机，机车的日常保养与检查维修由地勤车间或地勤组承担。轮乘制提高了机车的利用率和乘务员的劳动效率，也提高了铁路运输效率，而机车的保养及检修条件较差，因此对机车本身的质量要求较高。

轮包结合制适用于机车长交路。机车由几个固定的乘务组包管，当机车出机务段或回机务段（出、入库）时，由该固定乘务组值乘，在交路上运行时由各乘务组按一定的顺序轮流上车值乘。该乘务制度是包乘与轮乘相结合的一种方式，既提高了机车的利用率和乘务员的劳动效率，也加强了机车的保养工作。

3. 乘务组的换班

1）包乘制的换班方式

按照机车交路的类型和乘务组连续工作的时间要求，包乘制的交班方式可分为：

（1）外段立即折返，包乘组中一班出乘，到达折返段后不换班，立即原班原机返回。

（2）外段调休，包乘组中一班出乘，到达折返段不换班，下车后进行必要的休息，机车也随之停留等待，休息后，原机原班返回。

（3）外段驻班，包乘组中一班出乘，到达折返段后换班退勤，机车交由驻在折返段的另一班乘务组接乘返回。

（4）中途站换班，包乘组中一班出乘，另一班驻在中途换乘站，再一班驻在折返段（根据交路长度，该班也可以不驻班），依次换班接乘返回。

（5）随乘换班，包乘组中两班出乘（另两班在驻地休息），其中一班工作，另一班在随挂的宿营车上休息，到达某中途站或折返点后，自行换班随乘返回。

（6）定时换班，包乘组中一班出乘，工作到固定时分，另一班乘务组在机务段或车站接。

2）轮乘制与轮包结合制的换班方式

实行轮乘制时，自换乘点至相邻的换乘点之间的距离，称为乘务区段。轮乘制的换班方式有两种：乘务组在固定的一个乘务区段内往返轮乘换班的方式，即单区间轮乘制；乘务组依次在两个或两个以上的乘务区段内往返轮乘换班的方式，即多区段轮乘制。

四、列车运行图与机车周转图

（一）列车运行图

1. 列车运行图的作用

列车运行图是铁路行车组织工作的基础。所有与列车运行有关的铁路各部门，必须按列车运行图的要求，组织本部门的工作，以保证列车按运行图运行。

列车运行图应根据客货运量和区段通过能力等因素确定列车对数，并符合下列要求：

（1）列车运行、车站间隔、技术作业等时间标准。

（2）迅速、便利地运输旅客和货物。
（3）充分利用通过能力，经济合理地运用机车车辆和安排施工、维修天窗。
（4）做好列车运行线与车流的结合。
（5）各站、各区段间的协调和均衡。
（6）合理安排乘务人员作息时间。

2. 列车运行图应标明的内容

（1）根据客、货运量确定列车对数和列车车次。
（2）规定各次列车占用区间的程序。
（3）列车出发、到达、通过及停站的时间。
（4）列车在区间内的运行时分和站停时间标准。
（5）列车运行速度、牵引重量和列车换长。

3. 列车运行图的识别

列车运行图是运用坐标原理来表示列车在区间运行，在各站到、发、通过时刻和停车时分的一种图解形式，如图 1-1 所示。

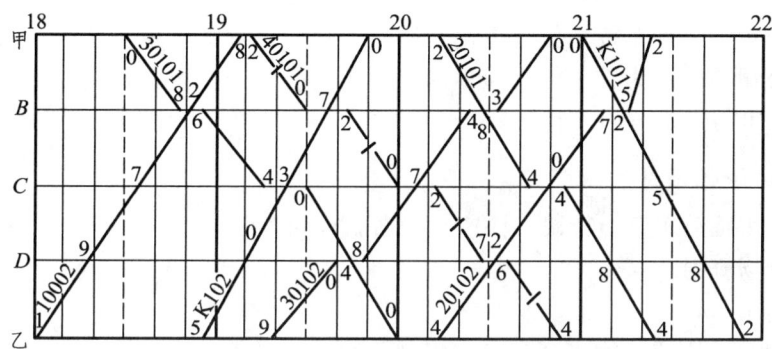

图 1-1 列车运行图示意图

在列车运行图中，采用站名线、时分线和运行线三线表示法。在列车运行坐标图上，横坐标表示时间（t），纵坐标表示距离（L），并用水平线代表各个车站的中心线位置，斜线表示列车运行线，上斜线代表上行列车，下斜线代表下行列车（向北京运行的方向为上行方向，车次为双数；反之为下行方向，车次为单数）。斜线的斜度表示列车的运行速度，斜度越大，则列车运行速度越高。

列车运行图时间坐标等分成 24 格，代表一昼夜 24 h。铁路行车时刻以北京时间为标准，以每日 18 点整至次日 18 点整为"一昼夜"时间范围。垂直线为时间线，较粗的线表示小时，细线表示若干分钟，虚线表示 0.5 h。纵坐标按照一个区段内各个站间距离的比例划分成若干水平线即为各站分界点的中心线，大站用粗线表示，小站用细线表示。水平线与水平线间隔表示站间距离。斜线与水平线的交点表示列车在每个车站的出发、通过或到达的时刻。

列车运行时刻表是根据列车运行图的规定，以表格的形式表示各次列车在车站到、发或通过的时刻。按图 1-1 编出的列车运行时刻表见表 1-1。

表 1-1　列车运行时刻表示例

站名	下　行				上　行			
	区段 30101	摘挂 40101	直通 20101	快速旅客 K101	直达 10002	快速旅客 K102	区段 30102	直通 20102
甲	18:30	19:12	20:12	21:00	19:08	19:50	20:50	21:32
B	48 56	30 42	… 28	… 12	52 …	37 …	33 24	15 21:07
C	19:30 40	20:00 12	44 54	… 25	37 …	23 …	20:07 …	50 …
D	… 44	27 36	… 21:08	… 38	19 …	19:10 …	48 40	32 …
乙	20:00	20:54	21:24	21:52	18:01	18:55	19:19	20:14

为便于组织列车运行和进行作业，每一列列车必须编有车次。列车的车次表示该列车的种类、运输性质及运行方向。列车运行，原则上以开往北京方向为上行，在双线区间，列车应按左侧正方向运行，列车按右侧反方向运行时，由《技规》规定。全国各线的列车运行方向，以铁路总公司的规定为准，但枢纽地区的列车运行方向，由铁路局规定。在个别区间使用直通车次时，可与规定方向不符。

4．列车按运输性质分类

（1）旅客列车（动车组、特快、快速、普通旅客列车）。

（2）特快货物班列。

（3）军用列车。

（4）货物列车（快速货物班列、五定班列、快运、重载、直达、直通、冷藏、自备车、区段、摘挂、超限及小运转列车）。

（5）路用列车。

5．列车运行等级顺序

（1）动车组列车。

（2）特快旅客列车。

（3）特快货物班列。

（4）快速旅客列车。

（5）普通旅客列车。

（6）军用列车。

（7）货物列车。

（8）路用列车。

开往事故现场救援、抢修、抢救的列车，应优先办理。特殊指定的列车的等级，应在指定时确定。

（二）机车周转图

1. 机车周转图的作用

机车周转图是机车工作计划，也是机车乘务员和机车整备人员的工作计划，它是根据列车运行图、机车交路及乘务制度进行编制的。其具体作用如下：

（1）确定了机车牵引列车的车次及到、开时间；

（2）确定了机车在自、外段（站）的标准技术作业时间；

（3）根据牵引区段的列车对数计算出机车平均全周转时间，从而确定机车使用系数和机车使用台数；

（4）根据牵引区段的距离，测算出机车总走行公里，从而测算出机车大、中、小、辅修任务；

（5）计算出机车日车公里、旅行速度、技术速度等机车运用效率指标；

（6）机务段还需根据机车周转图合理地计划电量、水、砂、油脂的储备和使用，并安排机车检修及整备等各项工作和程序。

2. 机车周转图的种类

机车周转图分为：基本机车周转图、分号机车周转图（独立分号及一、二、三分号）、旬间记名式机车周转图、日计划机车周转图和实际机车周转图。

基本机车周转图和实际机车周转图与列车运行图同时编制。机车周转图编成后，应同时查定机车运转制、乘务员换班方式、机车走行公里、使用台数、全周转时间（包括纯运行、中间站停留及机车在自、外段（站）停留时间）、日车公里、旅行速度、技术速度、速度系数、机车使用系数等技术指标，经铁路总公司批准后执行。

分号机车周转图（货车），是在基本列车运行图的基础上，根据运量波动的不同列车对数编制的。月、旬间运输方案和机车周转图是根据月、旬运量选定的核心列车对数（不少于最低分号运行图列车对数的 70%）编制的。分号和月、旬间机车周转图均须查定货运机车走行公里、使用台数、日车公里等指标，并有机车小修及辅修安排。其中，日车公里应保证年度机车运用计划的要求。旬间记名式机车周转图还应同时编出旬间机车乘务员工作详明表。

旅客列车机车周转图（客货混编除外），应实行记名式机车周转图；货物列车车流比较稳定的区段应积极推行旬间记名式机车周转图。

3. 机车周转图的识别

机车周转图一般采用小时格的运行图图表进行铺画。在表示区段距离的纵坐标上，没有详细画出每个区间站，只是画出列车始发站、中间换班站、大站及到达站的分界水平线，并在周转图的左侧写上站名，标明区段长度。同时在机车周转图最上方要写明机车的周转区段、周转图实行日期、机车使用效率等参数。另外，在机车周转图的上方和下方，用不重叠的横线（即库停线）表示机车在本段和折返段库内的停留时间范围。机车周转图中的列车运行线与列车运行图中的表示方法一样，如图 1-2 所示。

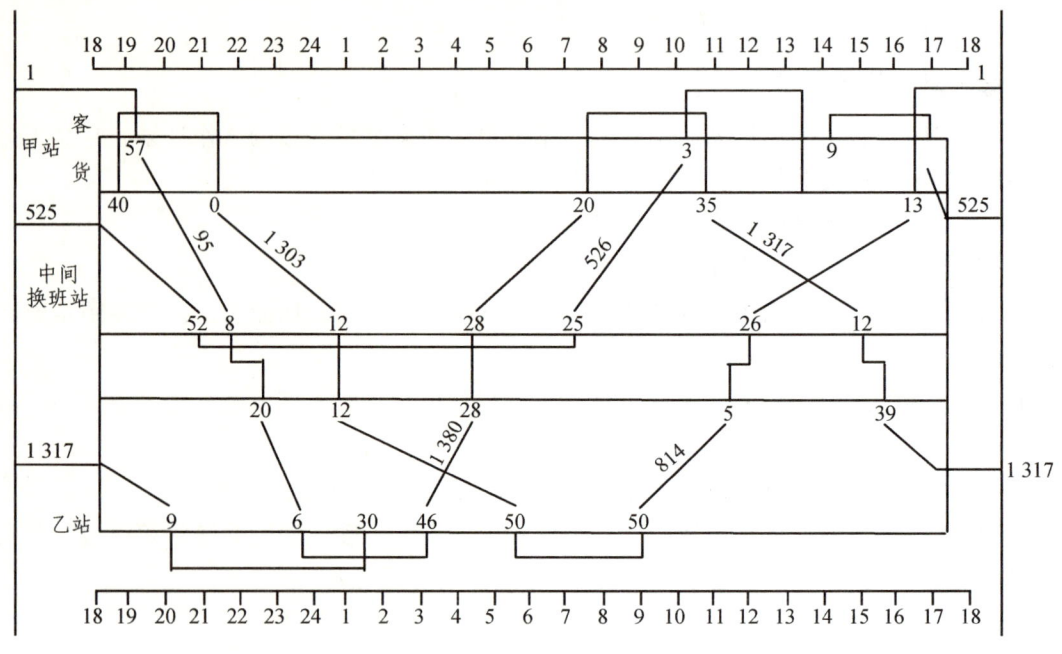

图 1-2　机车周转图示意图

为了使机车周转图同列车运行图协调，机车周转图也对应编制出基本机车周转图和分号机车周转图，根据不同的行车方案选择实施。

4. 机车周转图的编制原则

机车周转图应与列车运行图同时编制，编图人员首先要研究列车编组计划、列车对数和查定各项资料，制定列车运行图与机车周转图的初步方案，然后进行具体编制。

机务编图人员须与列车运行图编图人员密切配合，发现问题及时解决，共同协作做好以下工作：

（1）认真细致地审定旅客列车方案，经济合理地使用机车。

（2）按照列车编组计划、列车对数和各项查定资料，同时安排好列车工作方案和机车周转方案，尽量压缩非生产时间，提高速度系数。

（3）正确查定基本及各分号运行图的列车车次，编制好分号机车周转图。

（4）货物列车因车流比较稳定，应积极推行编制旬间记名式机车周转图，并应编制出旬间机车乘务员工作说明表。

5. 列车运行图与机车周转图的协调

列车运行图和机车周转图是机务部门组织运输生产的基础。机车周转图是机车运用工作的计划，应与列车运行图同时编制。为此，机务编图人员要努力做到以下几点：

（1）编制前向列车运行图编图人员提供所属交路各区段机车运用方式和乘务员换班方式；机车在自、外段的技术作业时间标准；乘务员补充工作时间及连续作业劳动时间标准；为保证年度计划实现的区段日车公里标准；乘务员在外段调休的时间标准。

（2）铺画货物列车运行线前，要求编图人员事先编制草图，以便考虑机车运用效率是否满足预定指标。

（3）铺画的货物列车运行线初步画成雏形时，机务编图人员应草画机车周转图，如发现问题及时与列车运行图编图人员研究，合理调整运行线，务必使机车交路符合实际。

（4）对绘制好的草图检查机车乘务员一次作业时间是否超劳，如出现超劳，应及时与列车运行图编图人员研究并予以调整。

五、机车乘务员劳动时间、休息时间规定

（1）乘务员每次出乘的连续工作时间，是指从出勤领取司机报单时起，到退勤交出司机报单时止所经过的全部时间，其中包括乘务员机车整备作业时间和等待列车的时间。客运列车不得超过 8 h，货运列车不得超过 10 h。机车乘务员的便乘时间，不计入连续工作时间内（随货运列车或无卧铺客运列车便乘时除外）。便乘是指因机车业务方面原因，需要乘务员临时从本段到折返段（或者中间站），或由折返段返回本段（或者中间站）。便乘客车时，机务段应发给乘务员便乘证，乘务员可凭便乘证和司机报单到指定的列车便乘铺上休息。

（2）机车乘务员在本段所在地的休息时间，原则上应不少于前次工作时间的 2 倍。最短休息时间不应少于 16 h。实行轮乘制的机车乘务员每月应有 1～2 次 48～72 h 的大休班时间。

（3）外段调休时间不得少于 5 h（其时间的计算为从到达公寓签到休息起至叫班时止，以下同）；在外段驻班休息时间不得少于 10 h；轮乘制外段换班继乘休息时间不得少于 6 h。

（4）国家对机车乘务员的月标准时间，有明确的规定，也称法定工作时间，它是按照全年的天数扣除节假日，再参照日工作时间 8 h 的标准确定的，原则上以 167 h 为宜。即

$$[365-(104+11)]\times\frac{8}{12}\approx 167$$

式中　365——一年的天数；

　　　104——一年中星期日休息天数；

　　　11——一年中公共假日数；

　　　12——一年的月数。

在运输生产中，为了保证生产的连续性，乘务员的月工作时间，并不能保证 167 h 固定不变。对于超过月标准工作时间的对象，机务段在安排工作时应设法避免。确因工作需要，月工作时间少量超过标准工作时间也是允许的。

六、进行出勤作业需要准备的工具、材料及相关资料

工具材料：手持电台、工作证、司机证、学习司机证、岗位培训合格证、电气化安全合格证、IC 卡、司机报单、司机手册、司机操纵提示卡、手持揭示、施工明示图等。

资料：机车一次乘务作业标准、担当机车型号应急故障处理手册。

七、出勤作业流程

（一）测酒、验证

按季节穿全套作业服，机班一致，整洁着装，按时到达调度室（出勤点），本人按压指纹

进行测酒。

测酒合格后,全员出示工作证、驾驶证、学习司机证、岗位培训合格证。经电气化区段运行时,需出示电气化安全合格证。

(二)写入 IC 卡

出勤调度员须对主、副班司机的 IC 卡写入数据,写卡后告知乘务员写入 IC 卡的揭示总条数及乘降所揭示条数、旅客列车车速等级。

出勤调度员将涉及长、短链的 IC 卡揭示向乘务员进行说明,乘务员要重点掌握。

(三)领取资料

领取司机报单、司机手册、手持电台(作用良好),领取运行揭示(每人一份)、施工明示图(每班一张);旅客列车领取列车时刻表、监控提示卡。司机确认列车时刻表、监控提示卡、运行揭示及机车型号符合本次乘务要求。使用复印的列车时刻表时,需干部发放。

(四)核对揭示

(1)运安系统作用良好时,司机在触摸屏按压指纹登录,选择担当区段,核对运行揭示。运安系统作用不良或未设运安系统时,在运行揭示橱窗中按担当区段核对运行揭示,出勤点未设运行揭示橱窗时核对运行揭示夹内的运行揭示。

(2)全员逐条确认手持的运行揭示,与本次乘务有关时,司机、学习司机在各自手持揭示的序号前划"√"。

全员逐条确认出示的运行揭示,学习司机(副班司机,下同)读运行揭示,司机对照手持揭示进行核对后,司机、学习司机核对有关揭示一致,使用绿色荧光笔在有关运行揭示的起止里程、限制速度上涂画,做明显标记。检查手持揭示站序按由近至远顺序排列,在各自手持揭示上对应职名处签字。

(3)主、副班司机分别将担当区段车站在各自司机手册上写全(调车机、小运转列车除外),根据运行揭示,在各自司机手册中施工、慢行的起始车站(站内施工时为该站)及乘降所停车站名栏下划一横线。乘降所停车站名的备注栏内填记 IC 卡内写入的限速 0 KM/h 起止里程。

(五)IC 卡验卡

(1)运安系统作用良好时,全员分别将 IC 卡插入读卡器进行验卡。司机手动输入工号、区段号、车站号、车次车种、本务(补)机、客(货)类别,设备提示"验卡正确通过,可控揭示××条",验卡完毕取出 IC 卡。提示验卡错误时,按照提示项点重新操作。发现与揭示内容不符时,要求出勤调度员重新写入,并重新验卡。

(2)运安系统作用不良或未设运安系统时,全员分别将 IC 卡插入模拟台进行验卡。司机、学习司机有声核对工号、区段号、车站号、车种、车次、客/货类别、本/补类别,确认总条数正确,核对有关揭示调度命令号码及内容。发现与揭示不符时,要求出勤调度员重新写入,并重新验卡。

验卡正确后,司机在调度室 IC 卡数据录入登记簿中填记日期、出勤时间、值乘车次、总条数、限速条数、特殊条数,全员在出勤机班栏签名。副班司机与司机登记方式相同。

（3）担当旅客列车时，验卡后，机班分别将有关揭示在 IC 卡中的顺号在使用的该条运行揭示内容后标注。

（4）确认 IC 卡故障时，由出勤调度员使用备用 IC 卡换卡、重新写卡、验卡。

（六）模拟开车

（1）遇有施工明示图时，须进行模拟操作并接受指导，明确行车办法，掌握监控装置操作。对指导后行车办法仍不清楚、不会操作监控装置的机班严禁出勤。

（2）将 IC 卡揭示内容输入模拟台 LKJ 内，修改 LKJ 时间与施工时间相符，输入相应的交路号、车次、车速等级等相关数据，通过车位调整在施工对应处所进行监控装置实际操作，学习司机监督。装置提示模拟操作未完成时，乘务员需对未完成的模拟项点重新操作。

（3）运安系统作用不良或未设运安系统时，出勤指导后由司机在重要施工模拟开车登记簿登记，指导人在施工明示图上加盖指导人名章（或签字）。

（七）开小组会

运安系统作用良好时，全员分别按压指纹登录，阅览通知、通报等传达内容，需进行乘前答题时，点击正确答案。未设运安系统或作用不良时，阅读通报、通告，了解相关要求。LKJ 最新版本号在司机手册"LKJ 版本号"栏记录。

根据值乘区段天气、重要施工、LKJ 数据变化、列车径路变化、列车类别变化、机车类型变化等情况，确定安全风险控制项点、制定安全和平稳操纵措施及行车注意事项，在司机手册出勤小组计划中记录，担当直供电、双风管列车时须注明"直供电、双风管"，双班单司机出勤时机班小组会内容须一致。

（八）出　勤

（1）全员到出勤调度员处出勤，司机："××次（或××站×调）机班出勤"。

（2）出勤调度员："核对揭示"。司机报告交付的运行揭示总条数、有关运行揭示条数，按顺序叙述有关运行揭示的调度命令号码，学习司机、出勤调度员逐一核对、确认。报告用语：交付揭示××条，有关揭示××条，有关揭示调度命令号码××××××、××××××、……。

（3）出勤调度员根据《机车乘务员出勤指导传达簿》的内容，逐项传达有关要求、注意事项。分别在主、副班司机手册及司机报单上签注叫乘时间（货物列车）、出勤时间并盖章；在《机车乘务员乘前休息证明书》上盖章，并通知乘务员接车地点、机车号等。

（4）出勤后不得携带除手机、手持电台以外的其他电子设备。机车乘务员出勤时应携带安全风险卡、作业指导书等资料。

（5）调车机乘务员集中出勤时，可由运用车间干部组织，集中传达通报、通告、安全注意事项等。电话出勤时，由司机与出勤值班员核对运行揭示，出勤调度员传达相关事项时，司机复诵。

八、扩展知识

（一）机车管理部门的职能

全国铁路的机务管理部门，通称为机务部门，也称为机务系统，是铁路运输系统的重要组成部分。其任务就是为运输生产提供足够数量的良好机车和技术熟练的乘务人员，按照列车运行图与运输部门密切协调，力争多拉快跑，不断提高机车运用效率和乘务人员劳动效率，搞好机车保养工作，同时对机车的检修、运用和整备工作进行规范的管理和严格的考核，使其充分发挥效能，安全正点地完成运输任务。

机车的管理工作，原则上分为机车运用、机车检修和机车整备三大方面。

机车运用工作的主要任务是：按照列车运行图科学地编制机车周转图和机车运用计划；按照机车周转图为铁路运输提供质量良好的机车和技术熟练的机车乘务人员，搞好机车的保养工作，合理编排乘务人员工作计划，充分发挥机车的效能，与运输部门积极协调，不断地提高机车运用效率和劳动生产率。各级机车运用人员应具备高度的责任心和求实精神，热爱本职工作，高标准、严要求，对技术精益求精、顾全大局、联劳协作，确保行车安全正点，努力降低运输成本，出色地完成各种列车牵引作业和各个站场的调车作业任务。采用现代化管理手段，建立健全通信联络、信息采集、数据处理系统，实行网络管理。

机车检修工作的主要任务是：按计划组织机车的定期检修，恢复机车的基本性能，不断改进检修工艺和检修方式，努力降低检修成本。同时根据机车运用状态对机车进行技术改造，提高机车质量，确保机车经常处于良好的技术状态，为完成各项运输任务奠定良好的物质基础。

机车整备工作的主要任务是：按照机车周转图为铁路运输提供质量良好的机车，对入库机车进行整备和检查，搞好机车的保养工作，同时负责入库机车的保洁工作。采用现代化管理机车手段，建立健全通信联络、信息采集、数据处理系统，实行网络管理。

铁路运输行业是一部大的联动机，各部门之间相互联系，相互制约，缺一不可。机务部门必须与其他业务部门（如车务、车辆、电务、工务等部门）紧密配合，协调一致。机车运用工作的最终目的就是为完成运输任务提供动力，而机车检修工作是为了确保机车经常处于良好的技术状态，整个机车管理工作就是要保证机车高质量、高效率、低成本地完成铁路运输生产任务。

（二）机车管理部门的业务范围

在我国，机车的管理工作由总公司集中领导，总公司运输局具体负责。运输局下设若干个业务部，各部按分工负责具体工作，其中机务部分管各类机车的配属、运用、检修方面的业务。

机务系统是铁路运输行业的一个重要组成部分，其管理模式按照集中统一领导、分级管理负责的原则，确定各级业务职能部门的职责范围，明确其所掌管的机车业务工作内容，充分发挥各级运用组织的职能作用。现对总公司运输局机务部、铁路局机务处的主要业务工作介绍如下：

1. 总公司运输局机务部

中国铁路总公司是全国铁路系统的最高领导机构。运输局机务部则是全国铁路机务系统的最高领导部门。运输局负责编制全路机车运用计划，对全路机车运用工作统一规划，综合平衡，确定牵引动力改革方案及审定各铁路局年度机车的配属；审定全路机车牵引定数、机车运转制、机车乘务制及机车乘务组出乘方式，编制列车运行图，审批跨局机车周转图、机车交路，制定有关机车运用工作的规章制度，确定机车的修理制度和修理周期；制定大修机车的验收范围，制定机车保养规程及机车鉴定办法，审查安排机车大修任务及机车技术改造计划，统一规划专业化、集中修理的实施方案；组织委修铁路局与承修机车工厂签订合同，协调各铁路局之间的运输生产，总结推广机务工作（机车运用管理、检查修理、操纵保养、调度指挥、安全行车等）的先进经验；组织机务干部的培养，制定全路机车运用工作人员的培训规划和乘务员的任职条件，审批机车乘务员驾驶证的发放工作，负责管理全路机车及救援列车的调度指挥，发布邻局救援列车出动的命令等。

2. 铁路局机务处

铁路局机务处负责全局管内的机务工作。机务处下设机车运用、机车检修、设备管理、燃料热力等业务科，分别管理相应的有关业务工作。铁路局机务处的任务是：贯彻执行总公司颁布的有关规程、规章、命令、指示、办法和作业标准，明确机务段的职能作用；确定管内机车运转制、机车乘务制及机车乘务组出乘方式，审定机务段的机车运用计划，组织机车牵引试验，编制机车操纵图；制定机车的运用计划和大修计划；审定机务段修范围，配件互换范围，中修工艺，中修探伤范围及主要部件验收范围，审批机车及大型配件的报废手续，审批机车出租事宜，负责全局长期备用机车的管理，审定机务段提报的列车运行图和机车周转图资料，确定全局救援列车的配置，负责全局机车和救援列车的调度指挥，审核上报部定报表资料；管理有关机车统计报表，掌握管内的机车动态，定期组织机车质量检查，分析各种技术指标的完成情况，组织解决机车运用、检修中的有关问题，掌握管内各机务段机车及互换配件备品的定量及动态；开展技术革新，组织推广有关机车运用、检修的新技术、新工艺、新材料、新设备；拟定本局机车乘务员的业务培训，提高乘务人员技术水平，确保机车质量。

3. 机务段

机务本段简称为机务段，通常设在铁路沿线的区段站或枢纽站上。机务段受铁路局的领导和指挥，其任务是：贯彻执行总公司与铁路局的有关规章、命令和指示；编制机车运用计划，组织本段配属机车和乘务组完成所担当区段的列车牵引作业和车站调车作业任务；对运用机车进行整备和日常保养检查；编制机车段修计划，组织机车按计划实施段修及落实机车的大、中修工作，确保机车技术状态良好，科学地组织人员，合理调配机车，质量良好地完成机车检修任务和列车牵引作业及调车作业任务。机务本段配属有一定数量的干线机车和调车机车，同时有一整套机车运转整备设备和一定能力的机车检修设备，此外还设有机车库和辅助车间。

机务段按其担当运输工作的性质不同，可分为客运机务段、货运机务段及客货混合机务段。按其检修设备和能力的不同，可分为中修机务段及小修机务段。

（三）机车的配属

在我国，铁路机车主要实行配属制度。总公司根据机车配属原则，把机车配属给各个铁路局，各铁路局又把机车配属给所属的各个机务段。各机务段在其所担当的牵引区段内组织机车牵引列车运行或从事与运输生产有关的其他工作。

为了有效地管理机车及科学、经济、合理地使用机车，总公司及各铁路局每年在制订下年度计划时，都要确定各局、段的配属机车台数和类型，并作出路网现有机车的调整方案。

由于机车配属上和应用方式上的这些特点，所以铁路总公司可以根据全路运输生产需要，对各局、段配属机车进行调配，最大限度地利用好机车，提高铁路运输能力。

机车在配属过程中，应注意以下原则：

（1）根据铁路建设的发展及铁路牵引动力的改革方案，按照近期与远期相结合的原则，使各局、段所配属的机车类型便于过渡，并力求稳定，避免机车配属中的大改大动。

（2）充分发挥机车牵引力，注意平衡牵引定数。在分配机型时，要尽量发挥机车的主要技术性能（如牵引力、功率、速度等），并注意均衡列车重量标准，按线别、方向尽可能统一牵引定数，以减少区段站的改编作业。

（3）机车类型要力求分区集中统一，使各局、段使用的机车类型达到最少，以便于机车乘务人员对机车的操纵和保养及检修人员对机车的修理。

（4）要适应运输设备的基本条件。机车的基本性能及构造条件要与该区段的环境气候、线路限制坡度、最小曲线半径、容许速度、站线有效长度、钢轨类型、桥梁等级等条件相适应。

（5）机型配置应与机车修理工厂的专业化修车方案相吻合，力求缩短机车检修时的回送距离。配属给各局、段的机车，从配属单位签署接车文件及接受技术履历簿时起，即列入该局、段的资产台账内，作为该局、段的固定资产。

机车按配属关系，分为配属机车和非配属机车，如图1-3所示。

图1-3 机车配属图片

（四）机车调度员的职责

为了组织实现列车运行图和机车周转图，指挥机车的日常运用工作，铁路总公司、铁路局和机务段，应分别设置机车调度室。

机车调度工作的基本任务是：

（1）正确编制日（班）计划机车周转图，并组织实施。

（2）与行车调度员密切配合，组织均衡开车，保证机车供应。

（3）经济合理地使用机车，提高机车运用效率。

（4）及时正确地处理日常运输生产工作中出现的问题，维护安全正点。发生行车事故和重点列车运行晚点，要及时查明情况，并逐级上报。

（5）正确填记各种报表和台账。

（6）掌握回送机车动态及备用机车的加入与解除。

（7）加强与行车调度之间的联系，严格掌握机车乘务员按规定时间叫班，防止列车晚点和乘务员超劳。

（8）经常深入现场、添乘机车、熟悉情况，不断提高工作能力和指挥水平。

机车调度工作实行铁路总公司、铁路局、机务段分层管理。业务管理分别由铁路总公司运输局机务部、铁路局机务处、机务段运用科负责。

各级机车调度实行逐级负责制，下级调度必须服从上级调度的指挥；铁路总公司运输局装备部、铁路局机务处是机车运用工作的主管部门，负责机车调度工作的领导。机车调度员是机车日常运用的组织者和指挥者。各级机车调度人员，必须树立铁路运输全局观念和市场营销意识。严肃调度纪律，严格执行各项规章、命令。机车乘务员及机务行车工作人员必须服从机车调度的指挥。

各级机车调度员应从思想作风好、业务能力强的优秀司机中选拔，或由现职调度员中逐级选拔。新任用的机车调度员必须经过机车调度专业知识的培训。各级机车调度人员应经常深入现场，添乘机车，调查研究，熟悉乘务员、机车、线路、设备等情况，取得指挥工作的主动权。

各级机车调度的职责分工如下：

1. 铁路总公司机车调度

（1）根据铁路总公司运输任务指标年度预期值和月度计划，分析各铁路局年内各阶段机车运用主要效率指标完成情况，督促各局严格机车运用管理，提高机车运用效率。

（2）收取铁路局间重点分界站日计划列车对数和机车台数，督促各局执行日计划机车周转图，按计划确保机车供应，协调处理局间机车使用和救援列车过区段等事宜。

（3）掌握各铁路局机车动态，处理铁路总公司备用（铁路总公司封存）机车的加入、解除。

（4）掌握机务行车事故情况，收取较大事故及以上行车事故概况，发布安全通报。

（5）根据机车调拨、配属命令及机车检修计划，掌握局间有动力机车回送进度。

（6）正确填写机车运用概况表等有关报表。

2. 铁路局机车调度

（1）根据年度计划和月方案，分析各机务段机车运用指标完成情况。督促执行运输方案，提高机车周转图兑现率。

（2）审批、收取、绘制重点分界站和关键区段的日计划机车周转图，督促按日计划机车周转图供应机车。

（3）掌握管内机车和救援列车动态。处理铁路总公司、局备用机车的加入和解除。按时收取、上报机车动态。

（4）及时了解、上报行车较大事故及以上事故和机务行车事故。督促检查机车乘务员一次乘务劳动时间情况。转发铁路总公司机车调度安全通报。

（5）根据机车配属、调拨命令及机车检修计划，掌握自、外局有动力机车回送进度，并报铁路总公司机车调度。

（6）正确填写机车运用概况表等有关表报。

3. 机务段机车调度

机务段机车调度员的工作职责，由铁路局自行制定。

机车调度室是机务段（折返段）机车运用工作的统一指挥机构，是机车调度工作的基层组织。机车调度室设调度员，在值班的运用副主任（折返段段长）的直接领导和铁路局机车调度的统一指挥下，负责机车调度工作。

各级机车调度在下达调度命令之前，应充分了解现场实际情况，作出合理、正确的判断。各级机车调度之间的命令传递，必须直接授受，并履行复诵制度。

➤ 任务实施

任务工单 1-1

任务名称：机车乘务员出勤作业
任务类型：小组讨论
任务布置：
1. 能判断出勤人员是否满足出勤条件
2. 能看懂机车交路图
3. 能正确核对施工命令
4. 标准化完成出勤工作
问题引导：
（1）乘务员待乘保休规定有哪些？
（2）简述机车交路与机车交路类型。
（3）简述机车周转图定义及内容。
（4）简述乘务员劳动时间、休息时间规定。
（5）简述出勤作业主要安全项点。

项目 2　接车及库内作业

安全是永恒的话题，安全是幸福的保障。良好的机车质量是保证列车运行安全的重要前提。

机车乘务员出勤后，走规定线路到指定地点办理接车，与交班乘务员对口交接机车质量状态。若不能实现与交班乘务员对口交接时，应与地面整备人员办理交接。接车后，乘务员认真检查，确保机车状态良好，按规定进行高、低压试验和制动机的机能试验。

> 任务布置

1. 能完成接车作业，按规定整备机车
2. 能完成机车全面检查作业
3. 能按照标准进行电力机车高、低压试验和制动机机能试验

> 相关知识

一、根据接车地点不同划分接车类型

根据接车地点的不同一般可分为段内接车、车站接车及异地车站便乘接车。

段内接车指机车停于机务段整备作业区，乘务员在段内接车。

车站接车指机车停于车站机待线或者到发线上，乘务员去车站接班。

异地车站便乘接车指机车停于异地车站等待换班，接班乘务员乘坐旅客列车或者货物列车到达异地站完成接车任务。但这种情况多发生在乘务员超劳情况下。

二、机车整备

所谓整备作业，就是对机车进行整修和准备工作。做好机车整备作业，是实现安全正点，优质高效、圆满完成本次运输任务的重要物质基础。质量良好地完成机车整备作业，必须有一套严密的组织和管理制度，使整备工作程序化、规范化、标准化。对机车整备作业的要求，一是作业的质量；二是作业的时间。

三、机车检查的方法

机车的检查方法可分为目视检查、锤检法、手检法、测量法、耳听鼻嗅法。

目视检查是检查机车外部状态的一种方法。检查运用中的机车状态，比如部件裂纹、松缓、磨耗、变色、漏泄、丢失、火花、卡滞等，砂储量、工具备品、消防器材、仪表等均采用目视检查。

锤检法即锤击检查，是以检验锤敲打部件的声音和锤的振动反拨力的强弱来判断部件安装是否牢固，或同时用另一只手接触感觉来判断零件的状态。

在锤击检查时应注意以下几个问题：

（1）在敲打螺栓时，应向紧固方向打，以免把紧固的螺栓敲松；

（2）在敲打双重螺母时，应先敲内侧，注意勿使其失去内外螺母互相紧固的作用；

（3）敲击部件时锤头要放正，注意稳、准，思想集中，手、眼、耳一致，力求检查结果准确无误；

（4）敲击部件时应根据部件大小，用力要轻重适当，防止操作部件及破片飞出伤人，做到安全检查，文明检查。

手检法即手触检查法，是用手指背部接触部件，感受其温度。手触时应先用手指感觉温度，再用手背判断温度。手检法参考见表2-1。

表2-1　手触检查方法参考表

热别	相应的温度	判断方法	热别	相应的温度	判断方法
平热	40℃上下	能长时间手触	激热	150℃上下	变色
微热	70℃上下	手触能持续3s	烧热	150℃以上	生烟
强热	90℃上下	不能手触			

测量检查是用测量工具、仪表测量间隙、距离、行程的限度尺寸及电流、电压、电阻值等。使用适当工具测量相应数据。

鼻嗅检查是用嗅觉器官来判断部件及电气线路橡胶部件、电机绕组或装置的发热、烧损、着火。

四、机车检查前的准备工作及安全注意事项

检查人员着装：头戴工作帽、身穿工作服、脚穿绝缘胶鞋；右手持检查锤、左手持手电筒。

机车准备工作：

（1）将运用状态良好的电力机车停放在有地沟、平直的整备线上。

（2）机车前后两端设置安全渡板。

（3）机车第2、5动轮应在不同方向打止轮器，机车空气制动阀置于制动位，机车单阀挂上"禁动牌"。

（4）乘务员应穿戴、使用劳动保护用品。

（5）防止异物落入电机及高、低压电器柜内。

（6）电力机车降弓，并断开隔离开关；断开蓄电池电源。

（7）上下机车时应手把牢、脚站稳，面向机车，注意人身安全。确认车顶接触网隔离开关在断开状态，并且接地后，方可登上车顶检查机车。

五、SS4 改型电力机车段内检查项目（见表 2-2）

表 2-2　SS₄型电力机车检查项目

序号	部件	序号	部件
1	行车安全设备	10	主变压器及附属装置
2	机车轴温报警装置	11	互感器及平波电抗器
3	走行部（包括车底部）	12	接线端子、插头、插座及电子板插件
4	基础制动装置和牵引装置	13	蓄电池组
5	空气压缩机和制动机及撒砂装置	14	照明装置和信号标志
6	硅整流和电阻制动装置	15	受电弓和各绝缘瓷瓶
7	各电气柜	16	各监督计量器具
8	各辅助机组	17	信号旗（灯）及防护用品
9	主断路器及附属装置	18	人力制动机紧固器、复轨器及止轮器

六、SS4 改型电力机车车站接车检查项目

车上：目测受电弓状态；牵引控制柜、高压电器柜、硅整流柜，主变压器油温、油位和行车安全装备。

车下：轮对弛缓标记，轴箱温度、闸瓦与轮对踏面的缓解间隙，闸瓦及穿销，车钩及列车管连结、折角塞门状态。

七、SS4 改型电力机车检查路线

SS4 改型电力机车全面检查路线走行部及车底、机车内部、机车车顶。

机车走行部检查顺序由机车的 B 节前部开始：B 节车体前部→车体及 B 节第一转向架右侧→车体及蓄电池箱→总风缸→车体及第二转向架右侧→车体连接处→车体及 A 节车第二转向架左侧→总风缸→车体及蓄电池箱→车体及 A 节车第一转向架左侧→A 节车体前部→车体及 A 节车第一转向架右侧→车体及蓄电池箱→总风缸→车体及 A 节第二转向架右侧→车体连接处→车体及 B 节第二转向架左侧→B 节第一转向架左侧→（地沟检查）B 节机车底部及一转向架→B 节车中部→B 节车第二转向架→车体连接处→A 节第二转向架→A 节车中部→A 节车第一转向架（出地沟），如图 2-1～2-3 所示。

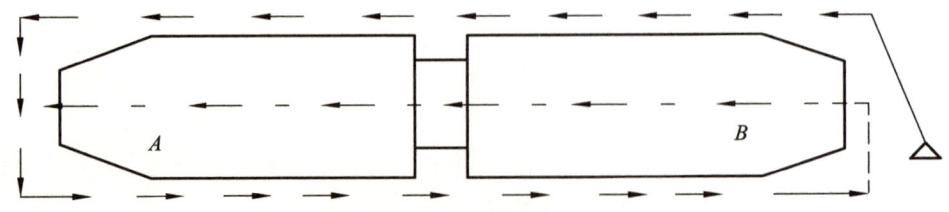

图 2-1　机车走行部及车底检查路线图

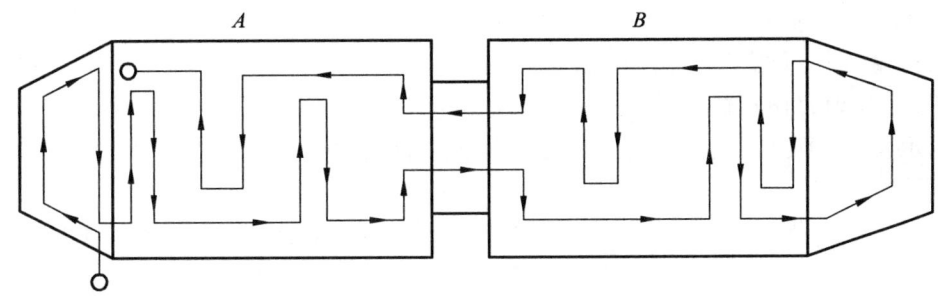

图 2-2　机车内部检查路线图

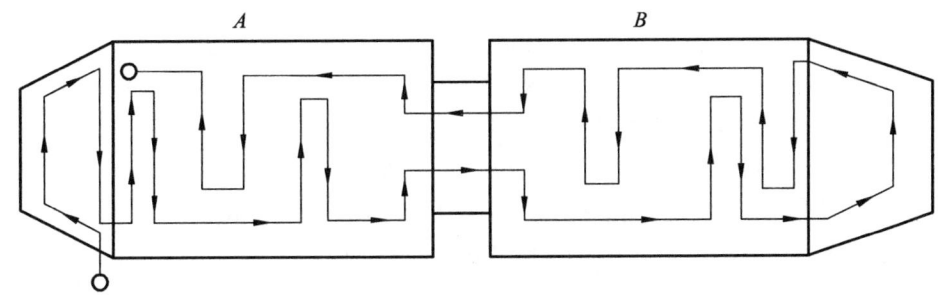

图 2-3　机车车顶检查路线图

八、接车作业

（一）段内接车

全员同行，按固定路线行走，横越线路时须一停、二看、三通过。

（1）按职分工、对口交接。查阅《机车交接班记录簿》，了解机车运用、检修情况，领取、检查、交接工具及备品（或确认施封良好），交接耗电量并做好记录。确认列车供电系统检查和试验记录，机车关键部件整备合格证等符合规定。调车机乘务员应确认防撞土挡装置作用良好。

（2）检查防护用品。学习司机检查灭火器、防护用品（响墩、火炬、短路铜线）齐全不超期、不失效。信号旗、铁鞋、复轨器及配件齐全良好。

（3）车载设备检测。

① 司机（地检司机）配合电务检测人员进行车载设备检测，确认状态良好、检测合格证符合要求后方可在检测记录签名（盖章）。未按规定取得合格证的机车不准出段。

② 虽经检测车载设备技术状态良好，但检测后在库内停留超过 24 h 的机车，出库前须重新检测、签发合格证。

③ 车载设备检测合格证随机车全程携带和交接。值乘司机办理交接填写值乘日期、车次及设备交接和文件转储情况，需说明的事项填写在情况摘要栏。车载设备检测合格证不得随意涂改，途中丢失司机应在《机车交接班记录簿》登记。

④ 电务检测人员作业前，司机须确认单阀全制位。检测过程中，司机须在司机位置负责操作制动机、主手柄和换向手柄，严禁其他人员操作。检测完毕后，司机应再次确认机车单阀置于全制位，主手柄置于零位，换向手柄置于中立位。

（4）输入IC卡揭示。

① 司机输入IC卡数据、库内作业车次。学习司机读手持揭示，司机有声确认IC卡数据。单班单司机值乘时，由司机读手持揭示并核对。

② 揭示发送失败时应重新插卡发送。仍不能正常发送时，须及时通知车载设备检测人员处理，否则严禁出段。

③ 核对LKJ数据版本号，不是最新版本号时不得出库，及时报告派班室联系电务检测工区更换。

（二）车站接车

全员同行，按固定路线行走，横越线路时须一停、二看、三通过。

（1）接班乘务员了解机车状态，交班乘务员填记《交接班记录簿》，交接耗电、机车运用状态、故障情况、行车安全装备质量情况及工具备品，清扫司机室。转储数据，确认文件完整。交接作业完毕，接班司机输入IC卡数据，学习司机读手持揭示，司机有声确认IC卡数据。单班单司机值乘时，由司机读手持揭示并核对。揭示发送失败时应重新插卡发送。仍不能正常发送时，通知列车调度员，按列车调度员指示办理。

货物列车交接班完毕后，接班司机要及时报告车站。

对运行在计划施工结束并开通使用线路上的机车，司机发现LKJ数据版本与前方计划施工结束版本不一致时，报告车站值班员。

（2）对旅客列车，接班乘务员应在列车到达前在机车停车位置处的安全白线以内，面向来车方向成45°角立正站立；电力机车乘务员须目视受电弓、接触网状态。

（3）机车需转线挂头、调车作业时，由交班司机负责；交接班后，由接班司机负责。到达机车有质量问题时，交班司机已离开需入库时由接班司机负责。

（4）车站换班检查项目。

电力机车换班站检查项目：

司机检查：牵引控制电器柜，空气制动控制柜，各辅助机组，空气压缩机工作状态及各保护电器开关位置，高压电器柜、硅整流柜，主变压器油温、油位和行车安全装备，目测受电弓状态。

学习司机检查：轴箱温度，轮缘润滑装置，轴箱弹簧，制动盘可见部分，砂箱，轴箱拉杆，牵引杆吊索处在松缓状态，闸瓦与轮对踏面的缓解间隙（闸片与轮盘间隙），闸瓦及穿销，车钩及软管的连接，折角塞门状态。

（5）接班司机应确认LKJ工况显示与换向手柄位置一致。

（6）单班单司机值乘的货物列车在规定的换乘站，换班时间在3 min以内时，交班及接班司机均不检查机车；LKJ只输入接班的司机代号，不转储文件（跨段继乘或需重新输入IC卡揭示数据除外）；时间不允许时，可不输入司机代号，在前方停车站停车后再输入。具备换班后立即开车条件时，由车站提前通知交班司机，交班司机向接班司机传达；换班后询问车站确认不能立即开车时，进行制动机简略试验、机车检查。

（7）遇机车砂量不足需在继乘点补砂时，由交班司机负责。交班机班为单班单司机时，由接班、交班共同负责。

（8）途中换班或换乘时，交班乘务员将接到的有关调度命令或口头指示向接班或换乘的乘务员交接清楚。

（9）车站交班时，由交班乘务员对机车司机室进行保洁清扫。

九、机车检查作业（以 SS4 改电力机车为例，见表 2-3）

表 2-3　SS4 电力机车司机检查作业程序

顺序	检查部位	检查内容及要求	方法
B节机车前部	（1）前部外观	① 头灯、近光灯及标志灯外观完好。 ② 前窗玻璃、刮雨器、路徽及机车标志完好。 ③ 排障器无变形，距轨面应为 80～110 mm。 ④ 脚踏板无变形	目视 目视 目视、锤检 目视
	（2）车钩	① 车钩提杆无变形，提钩时能自动开放无卡劲，钩舌全开位 220～250 mm。 ② 车钩摆动灵活，钩体各部分无裂纹，油润良好。 ③ 钩舌销无折损，开口销完好（开度 60°）油润良好。 ④ 钩舌各部无裂纹，防跳台应为 90°，钩舌与锁铁摩擦部油润良好。 ⑤ 钩舌锁闭作用良好，锁闭位 110～130 mm。 ⑥ 下锁销油润良好。 ⑦ 车钩中心线距轨面高度 815～890 mm	线式给油 托起转动 弧形给油 锤检、线式 给油 手检、测量 点式给油 测量
	（3）制动软管	① 折角塞门状态良好，各部无泄漏。 ② 防尘堵及安全链齐全、完整。 ③ 连接器无缺陷，胶圈无老化丢失，口面与地面垂直。 ④ 制动软管卡箍牢固，卡耳间隙为 2 mm。 ⑤ 软管无松动、老化、龟裂，水压试验不超过 3 个月。 ⑥ 制动软管与机车中心线夹角为 45°	均为手检、目视
	（4）总风联管	同（3）制动软管	
	（5）平均管	软管无裂纹，截止塞门位置正确，卡子无松动	手检、目视
	（6）重联插座	重联插座完好、牢固无烧损现象，插座盖完好	手检、目视
B节机车左侧	（1）车体外观	车体平整，百叶窗无破损	手检、目视
	（2）司机室门窗	侧窗、侧门完整，扶手、脚踏安装牢固	手检、目视
	（3）第一砂箱	① 砂箱盖严密，锁闭良好。 ② 砂量充足，砂质纯净干燥。 ③ 砂箱体无变形，支板无开焊，安装螺栓齐全紧固	手检、目视 手检、目视 锤检、目视
	（4）第一动轮轮缘喷油器	① 油箱体无裂损、漏油现象。 ② 加油口盖密封良好，油量充足。 ③ 分配油泵无漏油现象。 ④ 各风管、油管无松动、漏油现象。 ⑤ 截止塞门位置正确	锤检、目视 手检、目视 手检、目视 手检、目视 手检、目视

续表 2-3

顺序	检查部位	检查内容及要求	方法
B节机车左侧	（5）第一动轮及轴箱悬挂装置	① 轮箍、轮辐无裂纹。 ② 轮箍无迟缓现象。 ③ 安装弹簧上座无裂纹，安装螺栓、定位销锁齐全牢固。 ④ 弹簧上、下压盖无裂损。 ⑤ 弹簧无裂损，簧距无异变。弹簧自由高度 397 mm，压缩高度 285 mm。 ⑥ 弹簧座定位良好	锤检、目视 目视 锤检、目视 锤检、目视 锤检、目视 目视
	（6）第一轴箱	① 箱体和拉杆无裂纹，芯轴卡圈无脱落。 ② 轴箱内侧油封无漏油。 ③ 轴箱端盖无变形漏油，各安装螺栓齐全无松动。 ④ 轴箱吊耳、穿销、开口销（45°）状态良好。 ⑤ 轴箱温度正常（三点摸轴）	锤检、目视 目视 锤检、目视 锤检、目视 手触
	（7）第一轴箱速度传感器	① 速度传感器安装牢固，接线无破损。 ② 插座牢固无破损。 ③ 防尘罩完整	手检、目视 手检、目视 手检、目视
	（8）第一轴箱垂向油压减振器	安装螺丝紧固，座无裂纹，体无漏油	锤检、目视
	（9）第一动轮制动器	① 制动缸端盖螺栓齐全紧固；制动缸风管无漏泄；制动缸安装螺栓紧固齐全。 ② 传动螺杆的密封罩良好。 ③ 脱钩装置良好。 ④ 调整手轮良好。 ⑤ 闸瓦吊杆螺栓紧固。 ⑥ 闸瓦托定位调整螺栓无松动。 ⑦ 闸瓦安装正确，无裂纹、偏磨，厚度不小于 10 mm 缓解后闸瓦与轮箍踏面间隙应为 6~9 mm。 ⑧ 闸瓦吊杆螺栓紧固，开口销完好，油润良好。 ⑨ 传动螺杆注油堵无松动、破损	锤检、目视 目视 目视 手检、目视 锤检、目视 锤检、目视 锤检、目视 弧形给油 定期注入
	（10）第一轴箱横向油压减振器	安装螺丝紧固，座无裂纹，体无漏油	锤检、目视
	（11）侧向摩擦限制器	① 橡胶弹性球铰链无裂损。 ② 弹簧外罩安装牢固，弹簧完好。 ③ 三角棒及三角导框无裂纹，三角导框厚度不小于 6.3 mm，摩擦片完好，厚度不小于 5 mm	目视 手检、目视 目视
	（12）橡胶堆	① 无裂损老化，自由高度 273 mm，垫板卡板安装牢固。 ② 侧梁无开焊裂纹	均为手检、目视

续表 2-3

顺序	检查部位	检查内容及要求	方法
B节机车左侧	（13）辅助电路入库插座	①安装牢固，外盖及导线无破损。 ②开盖检查插座无烧损	均为手检、目视
	（14）第二动轮制动器	参照第一动轮制动器	
	（15）第二轴箱垂向油压减振器	参照第一轴箱垂向油压减振器	
	（16）第二动轮及轴箱悬挂装置	参照第一动轮及轴箱悬挂装置	
	（17）第二轴箱	①同第一轴箱 ②接地线安装螺栓无松动，线辫子无毛刺，软连接线断股不超过1/3	均为手检、目视
	（18）第二砂箱	参照第一砂箱	
	（19）左蓄电池及接线	①蓄电池柜安装牢固。 ②柜门锁闭作用良好。 ③打开柜门，蓄电池完好，接线无松动烧损，单节连接板无变形烧损。注水盖严密。电解液无泄漏，各部无腐蚀。 ④接线无过热、变形	手检、目视 手检、目视 手检、目视 目视
	（20）总风缸左部	①总风缸92截断塞门113，总风缸91截断塞门111均在开放位，位置正确。 ②排水阀安装牢固；在关闭位，排水试验作用良好	手检、目视 手检、目视
	（21）控制电路入库插座及行灯插座	安装牢固，接线无松脱，插座无烧损	手检、目视
	（22）第三砂箱	参照第一砂箱	
	（23）第二动轮及轴箱悬挂装置	参照第一动轮及轴箱悬挂装置	
	（24）第三轴箱	参照第一轴箱	
	（25）速度传感器	参照第一轴箱速度传感器	
	（26）第三动轮制动器	参照第一动轮制动器	
	（27）垂向油压减振器	参照第一轴箱垂向油压减振器	

续表 2-3

顺序	检查部位	检查内容及要求	方法
B节机车左侧	（28）横向油压减振器	参照第一轴箱横向油压减振器	
	（29）侧向摩擦限制器	参照第一摩擦减振器	
	（30）橡胶堆	参照第一橡胶堆	
	（31）第四动轮制动器	参照第一动轮制动器	
	（32）第四动轮及轴箱悬挂装置	参照第一动轮及轴箱悬挂装置	
	（33）第四轴箱	① 同第一轴箱。 ② 接地线安装螺栓无松动，线辫子无毛刺，软连接线断股不超过 1/3	均为手检、目视
	（34）主电路入库插座	① 安装牢固，外盖及导线无破损。 ② 开盖检查插座无烧损	均为手检、目视
	（35）第四动轮轮缘喷油器	参照第一动轮轮缘愤油器	
	（36）第四砂箱	参照第一砂箱	
BA节机车重联部	（37）脚蹬、扶手、标志灯、重联插座	① 脚蹬、扶手安装牢固无开焊。 ② 标志灯完整良好。 ③ 重联插座安装牢固，盖完整无烧损，重联线连接状态良好	锤检、目视 目视 手检、目视
	（38）车钩	两车钩在锁闭位，处于连挂状态；钩体、钩舌无裂纹，穿销开口销齐全，开度符合要求；车钩提杆座、车钩提杆无裂纹变形，锁闭螺母紧固，各部油润良好	锤检、目视
	（39）总风联管、制动软管、平均管	① 各风管处于连接状态，风管无破损、老化，连接良好。 ② 各风管水压试验符合要求。 ③ 风管座、折角塞门、塞门卡簧作用良好，无损坏。 ④ 各塞门均处于开放位	手检、目视 手检、目视 手检、目视 手检、目视
A节机车右侧	（40）第四砂箱	参照 B 节第一砂箱	
	（41）第四动轮轮缘喷油器	参照 B 节第一轮缘喷油器	
	（42）第四动轮及轴箱悬挂装置	参照 B 节第一动轮及轴箱悬挂装置	
	（43）第四轴箱	参照 B 节第一轴箱	

续表 2-3

顺序	检查部位	检查内容及要求	方法
A节机车右侧	（44）速度传感器	参照 B 节第一速度传感器	
	（45）第四动轮制动器	参照 B 节第一动轮制动器	
	（46）垂向油压减振器	参照 B 节第一垂向油压减振器	
	（47）横向油压减振器	参照 B 节左侧横向油压减振器	
	（48）侧向摩擦限制器	参照 B 节左侧侧向限制器	
	（49）橡胶堆	参照 B 节左侧橡胶堆	
	（50）第三动轮制动器	参照 B 节第一动轮制动器	
	（51）第二动轮及轴箱悬挂装置	参照 B 节第一动轮及轴箱悬挂装置	
	（52）第三轴箱	参照 B 节第一轴箱	
	（53）第三垂向油压减振器	参照 B 节第一垂向油压减振器	
	（54）第三砂箱	参照 B 节第一砂箱	
	（54）总风缸	① 总风缸 92 的逆流止回阀 50 完好无裂损。 ② 总风缸 91 截止塞门 112 处于开放位置。 ③ 各总风缸的排水阀安装牢固；在关闭位，排水试验作用良好	均为手检目视
	（55）蓄电池箱	参照 B 节左侧蓄电池	
	（56）行灯插灯	参照 B 节左侧行灯插座	
	（57）第二砂箱	参照 B 节第一砂箱	
	（58）第二动轮及轴箱悬挂装置	参照 B 节第一动轮及轴箱悬挂装置	
	（59）第二轴箱	参照 B 节第一轴箱	
	（60）速度传感器	参照 B 节速度传感器	
	（61）第二动轮制动器	参照 B 节第一动轮制动器	
	（62）垂向油压减振器	参照 B 节第一垂向油压减振器	

续表 2-3

顺序	检查部位	检查内容及要求	方法
A节机车右侧	（63）横向油压减振器	参照 B 节横向油压减振器	
	（64）侧向摩擦限制器	参照 B 节左侧侧向摩擦限制器	
	（65）橡胶堆	参照 B 节左侧橡胶堆	
	（66）主电路入库插座	参照 B 节左侧主电路入库插座	
	（67）第一动轮制动器	参照 B 节第一动轮制动器	
	（68）第一动轮及轴箱悬挂装置	参照 B 节第一动轮及轴箱悬挂装置	
	（69）第一动轮轴箱	参照 B 节第一轴箱	
	（70）测速发电机	参照 B 节第一速度传感器	
	（71）垂向油压减振器	参照 B 节油压减振器	
	（72）第一动轮轮缘喷油器	参照 B 节第一轮缘喷油器	
	（73）第一砂箱	参照 B 节第一砂箱	
A节机车前部及A节机车左侧、B节机车右侧		参照 B 节机车前部、B 节机车左侧及 A 节机车右侧	
A节机车底部	（1）排障器内侧	①排障器安装牢固、无变形。 ②自动信号接收装置支架牢固无开焊。 ③接收装置导线无破损、松动、脱落、线圈距轨面高度 130～160 mm	锤检、目视 锤检、目视 手检、目视

续表 2-3

顺序	检查部位	检查内容及要求	方法
A节机车底部	（2）车钩缓冲装置	① 牵引销套无窜动，止退销螺母无松动，开口销完好。 ② 弹簧箱体及尾框无裂纹。 ③ 前后从板与座无贯通间隙。 ④ 托板螺栓齐全牢固	锤检、目视 锤检、目视 目视 锤检、目视
	（3）车体牵引梁及牵引装置	① 车体牵引梁与车体联结处以及各补强板无裂纹、开焊、变形。 ② 牵引座无裂纹，牵引座与梁联结螺栓紧固，无松动。 ③ 牵引橡胶垫无老化现象。 ④ 橡胶垫压盖良好无裂纹；压盖螺栓其防缓螺栓紧固。 ⑤ 牵引叉头完好无开焊，叉头与牵引杆联结状态良好，连接螺栓紧固，开口销完好。 ⑥ 牵引叉头油堵完好，油润良好	锤检、目视 锤检、目视 目视 锤检、目视 锤检、目视 定期压入
	（4）左右扫石器	① 排石器支架牢固无开焊。 ② 扫石器调整螺栓齐全牢固。 ③ 排石器距轨面高度 50～80 mm，扫石器距轨面高度 20～25 mm，扫石器胶皮距轨面距离 10～15 mm	锤检、目视 锤检、目视 测量、目视
	（5）第一砂箱（左右）	① 箱体及支架无裂纹，安装螺栓无松动。 ② 撒砂器、砂管安装牢固。 ③ 撒砂器风管、有些、管、清扫堵及调整螺栓齐全牢固。 ④ 砂管吊铁无裂纹，"U"形卡子无松缓。 ⑤ 砂管口畅通，无偏斜变形，距轨面高度应为 30～55 mm	锤检、目视 锤检、目视 锤检、目视 锤检、目视 目视
	（6）转向架前端梁及三角撑杆座	① 端梁各部无裂纹。 ② 各风管卡子牢固，接头无松漏，软管无破损。 ③ 三角撑杆座无裂纹，各联结螺栓紧固，无松动	目视 锤检、目视 锤检、目视
	（7）三角撑杆	① 三角撑杆各处无裂纹。 ② 三角撑杆与牵引梁、三角架联接螺栓紧固，开口销良好。 ③ 各油墙完好	目视 锤检、目视 定期压油
	（8）第一动轮	① 轮箍、轮辐无裂纹。 ② 轮箍踏面擦伤深度不大于 0.7 mm，剥离长度不大于 40 mm，深度不大于 1 mm。 ③ 轮缘无碾堆，垂直磨耗高度不大于 18 mm，轮缘厚度在距其顶点 18 mm 测量为 23～33 mm。 ④ 轮缘喷油器喷嘴齐全，位置正确	锤检、目视 目视 目视 手检、目视
	（9）手制动机	① 传动臂各轴销及开口销齐全，油润良好。 ② 链条链轮状态完好，链轮油润良好	点式给油 点式给油

续表 2-3

顺序	检查部位	检查内容及要求	方法
A节机车底部	（10）第一牵引电动机上部	① 风筒无破损，合口严密无错位。 ② 电机上检查孔盖锁闭严密。 ③ 电机母线无破损，夹板螺栓齐全。 ④ 接线盒盖严密	手检、目视 手检、目视 锤检、目视 目视
	（11）第一齿轮箱	① 箱体无裂漏，变形。 ② 合口螺栓齐全紧固，安装螺栓齐全紧固。 ③ 阔盖完好牢固，油位正确。 ④ 领圈合口处完好无漏油。 ⑤ 放油堵无松动、漏油。	目视 锤检、目视 日常注入 目视 锤检、目视
	（12）第一抱轴承	① 箱体无变形裂漏，各安装螺栓不松动，合口严密不漏油。 ② 油箱盖严密，油表完好，油位应在上、下刻线之间。日常注入轴油。 ③ 放油堵无松漏。 ④ 轴承温度正常	锤检、目视 日常注入 锤检、目视 手触
	（13）第一牵引电机端部	① 电机网盖螺栓齐全，通风网无破损。 ② 轴承无过热，注油堵无松动破损	锤检、目视 定期压入
	（14）第一动轮制动器	① 闸瓦托调整弹簧无折损。 ② 制动缸座无开焊。 ③ 调整手轮作用良好。 ④ 脱钩装置位置正确。 ⑤ 闸瓦安装正确，锁闭销完好。 ⑥ 闸瓦无偏磨裂纹，厚度不小于 10 mm。 ⑦ 闸瓦、吊杆螺栓紧固，开口销完好，油润良好。 ⑧ 闸瓦与轮箍踏面缓解间隙应为 6～9 mm。 ⑨ 传动杆注油墙无松动破损	手检、目视 目视 手检、目视 手检、目视 手检、目视 目视 弧形给油 目视 定期压入
	（15）牵引装置	① 三角架各处无裂纹。 ② 三角架与牵引梁上的三角架座联结状态良好，联结螺栓无松动。开口销良好。 ③ 油堵完好，油润良好	目视 锤检、目视 定期压入
	（16）第一电机悬挂装置	① 各部无裂纹，橡胶件无老化龟裂。 ② 安装螺栓无松动，卡板无松动，开口销完好。 ③ 安全托铁牢固，与安全座垂直间隙不小于 20 mm，电机与安全托铁故障搭接量不小于 15 mm。 ④ 注油堵无松动破损，油润良好	目视 锤检、目视 锤检、目视 定期压入
	（17）第一转向架牵引梁	① 构架牵引梁与侧梁焊接部无开焊。 ② 牵引梁主体无变形开焊。 ③ 三角架座焊接良好，无开焊	目视 目视 目视

续表 2-3

顺序	检查部位	检查内容及要求	方法
A节机车底部	（18）第一牵引电动机内部（开盖检查）	①电机检查孔盖严密，锁闭作用良好，上通风网无破损。 ②电机内部清洁无异物，轴承油封无甩油。 ③换向器表面无拉伤、灼痕，表面磨耗量不大于 0.5 mm，云母槽深度不小于 0.5 mm。 ④刷架固定位卡子位置正确，弹簧无折损。 ⑤刷架圈调整螺母无松动。 ⑥刷辫螺栓无松动，刷辫无破损。 ⑦刷握无松动，弹簧及压指无折损，压指应在工作位。 ⑧电刷无卡滞破损，磨耗不超限，与换向器接触面不少于 80%，同一副电刷两片长度差不大于 1 mm，同一刷盒内电刷长度差不大于 10 mm。 ⑨绝缘瓷瓶清洁无裂损，接线端子无松动。 ⑩各绕组无烧损击穿	手检、目视 目视 目视 手检、目视 手检、目视 手检、目视 手检、目视 手检、目视 目视
	（19）手制动机传动装置	各传动杆件无变形裂纹，穿销、开口销齐全完好，油润良好	点式给油
	（20）第二牵引电机悬挂装置	参照第一电机悬挂装置	
	（21）第二动轮制动器	参照第一动轮制动器	
	（22）第二电机内部	参照第一电机内部	
	（23）第二齿轮箱（左右）	参照第一齿轮箱	
	（24）第二抱轴承	参照第一抱轴承	
	（25）第二动轮	参照第一动轮	
	（26）第一转向架后端梁	①端梁各部无变形裂纹。 ②各风管卡子牢固，接头无松漏，软管无破损	目视 锤检、目视
	（27）第二砂箱（左右）	参照第一砂箱	
	（28）Ⅰ端制动风机通风网	通风网无异物，无破损。	
	（29）主变压器下部	①放油阀良好，无松漏。 ②变压器体无碰伤，各部无开焊	手检、目视 目视
	（30）总风缸91、92	①安装带紧固无开焊窜位，各螺栓无松动。 ②各塞门位置正确	锤检、目视 手检、目视

续表 2-3

顺序	检查部位	检查内容及要求	方法
A节机车底部	（31）第二转向架二、四轮对各部位	参照第一转向架二、一轮对各部位检查顺序内容及要求	
B节机车车底部		参照A节车底部各部位检查顺序内容及要求	
A节机车司机室	司机室左侧	① 车门锁闭作用良好。 ② 侧窗玻璃完整清洁，作用良好。 ③ 辅助司机控制器在"0"位，箱体外罩牢固，标牌清晰。 ④ 座椅完整无破损、转动升降灵活。 ⑤ 电风扇作用良好，接线无松脱。 ⑥ 前窗玻璃、刮雨器、遮阳帘安装良好，玻璃完整清洁，刮雨器压油堵及柄把齐全，风管接头无松漏，手动作用灵活，电加热接线无松脱。 ⑦ 速度表、各风压表外观完整，指示正确，检验不过期。检查按钮、空电联合按钮完好。风笛作用良好。 ⑧ 点牌灯完好，开关作用正常。 ⑨ 各电流表、电压表完好，指示正确，检验不过期。 ⑩ 电源钥匙开关570QS，插孔位置正确，机械联锁作用良好。 ⑪ 各扳钮无损坏，作用良好。 ⑫ 司机控制器位置均在"0"位，箱体外罩牢固，标牌清晰。 ⑬ 扳钮箱牢固，各插座完好无松脱。 ⑭ 电空制动控制器、空气制动阀位置正确，转换扳键在"电空位"。各管路塞门位置正确，风笛电空阀（17YV），撒砂电空阀（241YV）安装牢固，接线无松脱，调压阀、油水分离器完好，牢固无漏风。 ⑮ 脚踏风笛、脚踏撒砂阀作用良好。 ⑯ 故障显示屏面板完整、无破损。重联及劈相机自起开关无损坏，作用良好。 ⑰ 脚炉罩完整良好	手检、目视 手检、目视 目视 手检、目视 手检、目视 手检、目视 手检、目视 手检、目视 手检、目视 手检、目视 手检、目视 手检、目视 手检、目视 手检、目视 脚踏试验 手检、目视 手检、目视
	司机室中部	① 三项设备安装牢固，外观完整，接线无松脱，前照灯各孔盖严密。 ② 司机室照明灯完整齐全，接线无松脱。 ③ 电炉完整作用良好，插座完好，无放电烧损	均为手检、目视

续表 2-3

顺序	检查部位	检查内容及要求	方法
A节机车司机室	司机室右侧	① 前窗玻璃、刷雨器、遮阳帘、电风扇、座椅同左侧。 ② 各仪表完好指示正确,检验不过期。 ③ 各转换开关无损坏,作用良好,紧急按钮完好。 ④ 各扳钮无损坏,作用良好,风笛作用良好。 ⑤ 按钮箱牢固,各插座安好无松脱。 ⑥ 脚炉罩完好。 ⑦ 紧急放风阀安装牢固,塞门严密、无漏泄。 ⑧ 侧窗同左侧	均为手检、目视
	司机室后部	① 各工具柜门平整严密,锁闭良好。 ② 空调机作用良好。空调机稳压电源接线良好无松脱,指示灯完好。 ③ 手制动机转动灵活,无异状。 ④ 自停控制盒,接线良好无松脱。 ⑤ 端子板、柜门完整锁闭良好,各接线无松脱,无放电痕迹,线夹安装牢固	均为手检、目视
	司机室走廊门	① 锁闭作用良好,玻璃完整。 ② 密封状态良好	均为手检、目视
	灭火器	① 安装牢固,各部完好。 ② 铅封无破损,检验不过期	手检、目视 目视
	1号端子柜	① 各外接插座安装牢固、接触良好,固定螺丝紧固,接线无破损。 ② 柜内端子排,各接线无松脱,线号清晰,无过热变色骨架、安装螺丝紧固	均为手检、目视
	高压隔离网	完整,无变形,无破损	手检、目视
	吸顶灯及过风网	① 灯罩安装良好,接线无松动。 ② 通风网无破损	均为手检、目视
高压室内	第一牵引风机组	① 门联锁杆完整无变形,门完好,网无破损。 ② 风筒无损坏,卡子齐全、作用良好。 ③ 电机安装螺栓牢固,无过热烧损。 ④ 电机接线盒安装牢固,接缘无松脱。 ⑤ 轴承注油堵无丢失	手检、目视 手检、目视 锤检、目视 手检、目视 定期注入钝直脂
1号低压柜	上部	① 升弓电空阀(1YV)安装牢固,接线无松脱。 ② 压力继电器(515KF)安装牢固,接线无松脱。 ③ 各插座安装,接线不松脱。 ④ 头灯起动电阻 631R 安装牢固,接线无松脱,无过热变形。 ⑤ 各塞门在开放位	手检、目视 手检、目视 手检、目视 手检、目视 目视

续表 2-3

顺序	检查部位	检查内容及要求	方法
1号低压柜	1号低压柜柜门	① 柜门作用良好，无损坏。 ② 门正面各故障隔离开关均在正常位。 ③ 门背面各故障隔离开关安装牢固，接线无松脱	手检、目视 目视 手检、目视
	1号低压柜正面	① 各时间继电器、中间继电器、电压继电器状态良好，接线无松脱。 ② 各接触器状态良好，动作灵活 ③ 零压保护装置整流板 290 V、辅接地保护整流板接线完好。 ④ 零压保护装置变压器 281TC 安装牢固，接线无松脱。 ⑤ 电子延时继电器安装牢固接线良好，无松脱，内部元件无损坏，防尘罩完好。 ⑥ 二极管（503 V，504 V）安装牢固，接线无松脱。 ⑦ 各电阻、电容器安装牢固，接线良好，无过热变色。 ⑧ 端子板接线无松脱，各插座牢固，接线无破损脱落	均为手检、目视
第一制动风机组	正　面	① 制动风速继电器 511KF 外罩完好，开盖检查动作灵活，触点开闭可靠。 ② 风速继电器连线插座安装牢固，接线良好	均为手检、目视
主变压室	变压器室门和门联锁	① 门无变形，开闭良好。 ② 门联锁间安装牢固，接线无松脱，接头无漏泄。 ③ 风缸安装牢固，接头无松漏	均为手检、目视
	主断路器下部	① 合闸线圈 4QFN，分闸线圈 4QFF 接线无松脱，衔铁间隙 5～10 mm，各部无漏风。 ② 插座安装牢固，接线良好。 ③ 传动风缸组合杆件无折损，定位弹簧无脱落。传动风缸不漏风。 ④ 辅助联锁接线无松脱，插座牢固。 ⑤ 扇形齿轮及圆齿轮正常油润良好。 ⑥ 各部管路接头无漏风，塞门位置正确	手检、目视 手检、目视 手检、目视 手检、目视 涂抹凡士林、目视 手检、目视
	主变压器上盖	① 79XS 插座安装牢固，接线良好无破损。 ② 各瓷瓶清洁无破损，无漏油。 ③ 各扁线无烧损。 ④ 变压器上部无异物	手检、目视 手检、目视 手检 目视
	储油柜及附属装置	① 吸温器安装牢固无破损，硅胶颜色正常。 ② 油表完好，标记齐全清晰。 ③ 储油柜无溢漏。加油堵、检查孔螺栓齐全牢固，排气墙无松漏	目视 目视 目视、手检

续表 2-3

顺序	检查部位	检查内容及要求	方法
主变压室	电度表及单极自动开关	①电度表安装牢固，铅封完好，接线无松脱。 ②单极自动开关102QA，安装牢固，接线无松脱，在闭合位	均为手检、目视
	高压电流互感器及穿墙瓷瓶	①电流互感器二次侧接线无松脱。 ②穿墙瓷瓶上座密封良好，瓷瓶清洁无破损，无放电痕迹。 ③导电杆连接良好，无变形，软连接线及弹簧状态良好。 ④主变压器上各瓷瓶无破损，清洁无漏油及放电痕迹	手检、目视 目视 手检、目视 目视
	次边保护电流互感器	次边保护电流互感器186TA、187TA安装牢固，接线无松脱，无放电灼痕	手检、目视
	变压器潜油泵	安装牢固，各管路接头无松漏，各蝶阀位置正确，电机接线无松脱	手检、目视
	功率补偿装置电器柜(正、背面)	①各电压传感器（137S V，136S V，147S V，146S V）安装牢固，接线无松脱。 ②电容93C、电阻94R接线无松脱，无击穿过热现象。 ③各高压继电器（116 KM，126 KM，156 KM，166 KM）状态良好，接线无松脱。 ④各真空管接触器（114 KM，124 KM，154 KM，164 KM）状态良好，接线无松脱。 ⑤各阻容保护的电阻、电容无击穿过热现象，接线无松脱。 ⑥各电流互感器安装牢固，接线无松脱，无灼痕。 ⑦各隔离闸刀（119QS，129QS，159QS，169QS）状态完好，在运行位。 ⑧各插座安装牢固，接线无松脱	均为手检、目视
	油流继电器及变压器散热器	①油流继电器518KF安装牢固，接线无松动。 ②端子排接线无松脱，安装牢固。 ③变压器散热器各螺栓紧固，无漏泄	均为手检、目视
2号高压电器柜	2号高压电器柜正面	①柜门作用良好。 ②各插座安装牢固，接线无松脱。 ③磁场消弱接触器（47 KM，48 KM，37 KM，38 KM）各部状态良好，接线无松脱。 ④磁场消弱电空阀（47 YV，48 YV）安装牢固，接触器接线无松脱。 ⑤线路接触器（42 KM，43 KM），励磁接触器（92 KM）灭弧罩固定好，无裂纹；主触头及灭弧角无破损，开距18～22 mm，接线无松动。电空阀线圈无烧损，接线无松脱，风路无漏泄，低压联锁，接线无松脱。 ⑥牵引电机故障隔离闸刀（49QS，39QS）状态良好，在运行位	均为手检、目视

续表 2-3

顺序	检查部位	检查内容及要求	方法
2号高压电器柜	2号高压电器柜正面	⑦ 电压传感器（142S V，132S V）接线良好，无松脱。 ⑧ 主电路库用转换闸刀（20QP）及微动开关状态良好，在运行位。 ⑨ 试验开关 60QP 状态良好，在运行位。 ⑩ 两位置转换开关手把牢固，各 T 形片无损，电空阀作用良好，触头超程 2~3 mm，低压联锁触头良好，无烧损。 ⑪ 主接地故障隔离开关 97QS 在运行位。 ⑫ 主接地继电器 98KE 状态良好，接线无松脱。 ⑬ 接地电阻 192R、限流电阻 195R 接线无松动，无烧损。 ⑭ 端子排安装牢固，接线无松脱	均为手检、目视
E 普压室	2号高压柜上部	① 142 塞门在开放位。 ② 固定分路电阻及磁场消弱电阻，无烧损，接线无松脱，各瓷瓶清洁无破损	均为手检、目视
	2号高压柜背面	① 电流传感器（131SC、141SC）安装牢固，接线无松脱。 ② 各扁线、其他连线连接良好，螺丝紧固无松脱现象	均为手检、目视
II 端高压室	II 号制动电阻柜背面	① 各瓷套清洁无破损，引出母线连接牢固，无过热现象。 ② 过渡风道无变形，上下焊接部无开焊。 ③ 制动风机外罩无损坏，底架无裂损。 ④ 制动风机接线盒牢固，接线无松脱	均为手检、目视
	II 号低压柜上部	① 各插座安装牢固，接线无松脱。 ② 劈相机起动电阻 263R 无烧损，接线无松脱	均为手检、目视
	II 号低压柜背面	① 辅机保护装置插座安装牢固，接线无松脱。 ② 移相电容（248C，250C，252C）安装牢固，无鼓胀漏液、放电及烧损	均为手检、自视
	II 号硅整流柜	① 支架无裂损。 ② 电阻电容无烧损变形，接线无松脱。 ③ 连接扁线无断裂，连接螺栓无放电灼痕。 ④ 熔断器安装牢固、无烧损。 ⑤ 晶闸管各触发板、脉冲变压器安装牢固、各触发元件无烧损	目视 手检、目视 手检、目视 手检、目视 手检、目视
电子电源柜	电源柜	① 电源柜 A/B 组转换开关在 A 位或 B 位。 ② 各"电源"插件，"稳压触发"插件安装到位，固定螺丝紧固。 ③ 各单极自动开关在闭合位。 ④ "蓄电池"闸刀 667QS，"负载"闸刀 666QS，刀夹有力，无放电灼痕、裂纹，把柄无松动。"重联"闸刀在正常位（上合），钮子开关 675SB 在"运行"位。 ⑤ 接线端子接线无松脱，无放电灼痕	均为手检、目视
	电子柜	① 电子柜 A/B 组转换开关在 A 位。 ② 各插座接线牢固，无松脱，固定螺丝紧固	手检、目视

续表 2-3

顺序	检查部位	检查内容及要求	方法
空气制动屏	制动屏正面	① 插座 64XS，66XS 安装牢固，接线无松脱。 ② 各中间继电器（458KA，457KA，456KA，455KAt451KA，452KA453KA）及各电空阀，安装牢固作用良好，接线无松脱。 ③ 空电联合选择开关 466QS 在"0"位。 ④ 各钮子开关，153、154 转换开关在正常工作位。 ⑤ 各二极管元件（260、261、262、263）无烧损，接线无脱落。 ⑥ 各压力传感器（201BP、202BP），各压力开关（208、209 及压力继电器 516KF）外观完好，安装牢固，接线无松脱，风管接头无松漏。 ⑦ 辅助压缩机控制按钮作用良好。 ⑧ 控制风缸及辅助风缸压力表外观完整，指示正确，检验不过期。 ⑨ 各调压器（51、52、55）调整压力符合规定要求，检验不过期。 ⑩ 压力调节器 517KF 安装牢固，各部不漏风，接线无松脱。 ⑪ 中继阀各部不漏风。 ⑫ 紧急阀及电动放风阀安装牢固，各部不漏风，接线无松脱。 ⑬ 分配阀安装牢固，各部及管接头无漏风。 ⑭ 93 重联转换阀位置正确，各部不漏风。 ⑮ 各塞门在正常工作位	手检、目视 手检、目视 手检、目视 手检、目视 手检、目视 手检、目视 手检、目视 手检、目视 手检、目视 手检、目视 耳听、目视 锤检、目视 锤检、目视 手检、目视 手检、目视
机车后部	2 号端子柜	① 各插座安装牢固，接线无松脱，固定螺丝紧固。 ② 柜门无变形。 ③ 各端子排接线无松脱，无放电灼痕	均为手检、目视
	走廊门	同司机室走廊门	
	渡板	无裂纹、破损，连接良好	手检、目视
	杂品柜上	① 轮缘喷油器及电制动记录仪控制盒、箱体安装牢固。 ② 指示灯及标牌完整清晰。 ③ 背面插座及接线无松脱	均为手检、目视
机械室	空气干燥器	① 滤清筒及干燥筒安装牢固，各管接头无漏泄。 ② 温控器开关在正常工作位，指示灯显示正常。 ③ 排泄电磁阀的电空阀安装牢固，接线无松脱，排泄阀排泄作用良好，无漏泄。 ④ 干燥器旁通塞门 G1 在开放位，G2 在关闭位。 ⑤ 各电空间安装牢固，风接头无松漏，塞门在开放位	锤检、手检 手检、目视 手检、目视 手检、目视 手检、目视
	起动电阻 253C	① 安装牢固，接线无松脱。 ② 电容箱体无鼓胀，无漏泄、无放电烧损	手检、目视

续表 2-3

顺序	检查部位	检查内容及要求	方法
机械室	空气制动柜上	① 压缩机安装牢固。 ② 空气滤清器完好无堵塞。 ③ 联轴器转动灵活、无松动。 ④ 电机安装牢固，接线盒完好，接线无松脱。 ⑤ 储风缸排水阀安装牢固，排风作用良好。 ⑥ 各风路接头无松漏。 ⑦ 加油堵无松动，无漏油。 ⑧ 插座 62XS，68XS，60XS 安装牢固，接线无松脱。	锤检、目视 手检、目视 手检、目视 手检、目视 手检、目视 手检、目视 定期压入 手检、目视
	空气制动柜背面	① 均衡风缸、过充风缸安装牢固，管接头无漏风。 ② 各塞门在正常工作位。 ③ 紧急阀及电动放风阀塞门在开放位，铅封完好	锤检、目视 手检、目视 手检、目视
	电子电源柜上部	各外接插座安装牢固，接线无松脱	手检、目视
	劈相机	① 安装螺栓齐全、紧固。 ② 接线盒完整，接线无松脱，风管无破损，卡子齐全完好。 ③ 轴承无过热、注油堵无松动破损	锤检、目视 手检、目视 定期注入
	压缩机组	① 冷却器安装牢固，无裂损、漏油。 ② 曲轴箱无漏油，注油堵、放油堵齐全，油位表完好，无漏油，油位应在上、下刻线之间。高低压安全阀、逆止阀安装牢固，接头无松漏，铅封无破损。 ③ 压缩机法兰盘安装牢固，无变形。 ④ 联轴器无松动，螺杆、胶圈齐全完好。 ⑤ 风扇叶片无变形、裂损，传动皮带无破损。风扇防护罩牢固无破损。 ⑥ 电机安装螺栓无松动。 ⑦ 电机接线盒严密，接线无松脱。 ⑧ 电机轴承注油堵无丢失	锤检、目视 注入压缩机油、手检 锤检、目视 手检、目视 手检、目视 锤检、目视 手检、目视 定期压油
车顶部	车顶门附近	① 脚蹬牢固。 ② 挂钩弹簧无折损，作用良好，门联锁行程开关作用良好，接线无松脱。 ③ 车顶门锁闭牢固，密封装置完好	手检、脚踏 手检、目视 手检、目视
	高压电压互感器	① 各瓷瓶无裂纹及放电痕迹。 ② 接线紧固，接地良好。 ③ 无漏油和严重渗油。 ④ 油压表玻璃无破损，油位符合要求	均为手检、目视

续表 2-3

顺序	检查部位	检查内容及要求	方法
车顶部	主断路器上部	① 导电杆安装牢固，各瓷瓶清洁，无裂纹及破损，安装牢固无放电灼痕。 ② 隔离开关动、静触头无松动、烧损，闭合不过位，触头厚度不小于 8 mm，超程不小于 1 mm。 ③ 软线各连接螺栓牢固，无烧损	均为手检、目视
	避雷器	① 安装牢固，接线无松脱。 ② 瓷瓶清洁，无裂纹，无破损，无放电灼痕	均为手检、自视
	高压电流互感器	① 安装牢固，密封完好，接线无松脱。 ② 瓷瓶清洁，无裂纹，无破损，无放电痕迹	均为手检、目视

十、进行机车高、低压试验

（一）低压试验前的准备工作

（1）确认车顶无人，锁闭车顶门。

（2）各自动开关、隔离开关、各闸刀及转换开关置正常位。

（3）微机转换开关置正常位，防空转开关置投入位。

（4）各管路塞门在正常位，总风缸压力不低于 700 kPa，制动缸压力不低于 300 kPa 并放好止轮器。

（5）闭合电源柜蓄电池整流输出开关 667QS，蓄电池电压显示 96 V 以上，整流输出开关 666QS，蓄电池脱扣开关 601QS，看柜内及司机台电压表 658 PV、650 PV 指示 96 V 以上，闭合全部自动开关，电流表显示正常。

（6）逆变器电源选择开关置于 A 组或 B 组位，确认逆变器电源标件板上 48 V、24 V、15 V 的信号灯显示，斩波器 48 V 风扇转动及司机台 "主断""预备""劈相机 1""劈相机 2""牵引风机""制动风机"等信号灯亮。

（7）闭合"信号检查"按钮 412SK1 或 412SK2，确认司机台所有信号显示正常。

（8）将"欠压"保护隔离开关 593QS 置故障位，制动风速 1、3 及制动风速 2、4 隔离开关 589QS、590QS 置故障位。牵引风速 1、3 及牵引风速 2、4 隔离开关 573QS、574QS 置故障位。

（二）低压试验程序及要求

1. 闭合电钥匙 570QS1 或 570QS2

（1）司机台"零位"灯亮。

（2）听钥匙箱内保护阀 287 YV 得电吸合声。

2. 断开电钥匙 570QS1 或 570QS2 后重新闭合

司机台"零位"灯灭，听 287 YV 失电排风声。

3. 闭合"主断路器"开关 401SA1 或 401SA2

（1）听：主断路器闭合声。

（2）看："主断"信号灯灭。

4. 闭合"劈相机"开关 404SA1 或 404SA2

（1）劈相机起动电阻接触器 213 KM 及劈相机接触器 201 KM 吸合。

（2）延时 3s，劈相机起动继电器 283 AK 吸合，213 KM 失电，"劈相机 1"灯灭，延时 3s 后，劈相机 2 接触器 202 KM 吸合，"劈相机 2"灯灭。

5. 闭合"空气压缩机"开关 408SA1 或 408SA2

听空气压缩机接触器 203 KM 吸合声。

6. 闭合"备用压缩机"411SA1 或 411SA2

听压缩机 2 接触器 204 KM 吸合声，灯灭。

7. 把空气压缩机开关 408SA1 或 408SA2 从正常位转换到强泵风位

203 KM、204 KM 同时断开后，再听 203 KM 吸合声。

8. 把"空气压缩机"开关 408SA1 或 408SA2 重新转换到正常位

9. 闭合"通风机"开关 406SA1 或 406SA2

（1）听牵引风机 1 接触器 205 KM 吸合声。

（2）延时 3s 后，听牵引风机 2 接触器 206 KM 吸合声。

（3）延时 3s 后，听牵引风机 3 接触器 207 KM 吸合声。

（4）延时 3s 后，听牵引风机 4 接触器 208 KM 吸合声，看"牵引风机"灯灭。

（5）延时 3s 后，听变压器接触器 211 KM 及油泵接触器 212 KM 吸合声，看司机台"油泵"灯亮。

10. 闭合制动风机开关 407SA1 或 407SA2

（1）听制动风机 1、3 接触器 209 KM 吸合声。

（2）延时 3s 后，听制动风机 2、4 接触器 210 KM 吸合声，看"制动风机"灯灭。

11. 将换向手柄置"制"位

（1）两位置转换开关 107QPB、108QPB 电磁阀得电，听牵、制转换 107 YVB、108 YVB 转换声。

（2）听励磁接触器 91 KM、92 KM 吸合声。

12. 将换向手柄置"前"位

（1）听两位置转换开关 107QPF、108QPF 电空阀得电吸合声。

（2）听牵制转换开关 107 YVT、108 YVP 电空阀得电吸合声。

（3）听牵引接触器 93 KM 得电吸合声。

13. 将换向手柄置"后"位

（1）听两位置转换开关 107QPF、108QPF 得电转换声。

（2）听牵制转换开关107 YVT、108 YVP得电转换声。

（3）听93 KM得电吸合声。

14. 将换向手柄置"前"位，主手柄提至0位（假零位）

（1）听：线路接触器12~62 KM吸合声。看"预备"灯灭。

（2）看"零位"灯灭。

15. 主手柄退回0位

（1）看："零位"、"预备"灯亮。

（2）听：12~62 KM释放声。

16. 将换向手柄置"制"位（电制动灯亮），主手柄置9级

（1）听：12~62 KM得电吸合声。

（2）看："零位""预备"灯灭。

17. 将辅助司控手柄置1~6位后回零

试验内容同前。

18. 跳主断保护试验

（1）人为闭合"紧急制动"按钮594SB1、594SB2后恢复。主断跳开及列车紧急制动排风。"主断"灯亮。监控屏"紧急"灯亮，15s后，将电空制动器手把由重联位移回运转位缓解。

（2）手动原边过流继电器101KC，主断断开"主断""原边过流"灯亮。重新闭合"主断"，恢复线圈97KER、98KER得电，"主断""原边过流"灯灭。

（3）手动辅接地继电器，主断断开，"主断""辅接地"灯亮。重新闭合"主断"，恢复线圈97KER、98KER得电，"主断""辅接地"灯灭。

（4）手动辅助过流继电器282KC，主断断开，"主断""辅助回路过流"灯亮。重新闭合"主断"，恢复线圈97KER、98KER得电，"主断""辅助回路过流"灯灭。

19. 故障状态操纵试验劈相机

将劈相机隔离开关242QS置故障位，听213 KM吸合声，延时3 s听283AK吸合声，213 KM失电声及202 KM吸合声，看显示屏"劈相机1"灯亮，"劈相机2"灯灭。

20. 断主断，关闭电钥匙，将LCU转换置B组重新试验以上各项（只在车上进行）

（三）高压试验程序及要求

高压试验前的准备工作：

（1）锁闭车顶与各高压室门，门钥匙全部插入钥匙箱。

（2）将各隔离开关、库用闸刀、转换开关均置于运转位，闭合各自动开关。

（3）各管路塞门在正常位，总风缸风压不低于700 kPa，制动缸风压不低于300 kPa并打好止轮器。

（4）将微机Ⅰ、Ⅱ架转换开关置运转位，空转切除开关置"投入"位。

（5）将逻辑控制单元（LCU）A、B组转换开关置A位。

（6）换向手柄置于0位，主手柄置于机构0位，各扳键开关均置断开位。

(7) 所有人员处于安全位置。

(四) 高压试验

1. 闭合电钥匙开关 (570QS)

(1) 听: 保护阀 (287YV) 吸合声。

(2) 看: 司机台"主断""预备""零位"及"劈相机1""劈相机2""牵引风机""制动风机"等信号灯亮。微机显示屏显示"蓄电池合"。

2. 操作 402SA1、2 开关, 分别升前弓或后弓

(1) 听: 升弓电磁阀 1YV、2YV 的先后吸合声。

(2) 看: 网压表显示网压 19~29kV, 确认弓网状态良好。

注意事项: 乘务组人员齐全, 并将头伸出窗外, 高声呼唤"升弓了", 并鸣笛一长声升弓 (限鸣地区除外)。

3. 将主断路器开关 401SA1、2 置于合位

(1) 听: 主断路器的吸合声。

(2) 看: 司机台显示"主断"灯灭。

(3) 司机台电压表显示充电电压 110V。

4. 主断路器开关 401SA1、401SA2 置断开位

(1) 听: 主断路器断开声。

(2) 看: 司机台主断路器灯亮, 电压表显示 96V 以上。

5. 重新闭合主断, 启动劈相机, 闭合劈相机开关 404SA1、404SA2

(1) 听: 劈相机1启动声, 延时 3s 后劈相机2启动声。

(2) 看: 司机台显示灯"劈相机1"灯灭, 延时 3s 后"劈相机2"灯灭。

6. 分别闭合"空气压缩机"开关 408SA1、408SA2 和"备用空气压缩机"开关 411SA1、411SA2

(1) 听: 当总风缸压力低于 750kPa 时, 空气压缩机1启动声, 延时 3s 后空气压缩机2的启动声。

(2) 看: 司机台显示灯灭 (分别观察1、2空气压缩机灯)。

7. 置"空气压缩机"开关 408SA1 或 408SA2 为强泵位

(1) 空气压缩机立即工作, 与低压试验相同 (但不受 547KF 的控制)。

(2) 当风压达到 1000kPa 时高压安全阀的排风声。

(五) 加载试验

要求: 再次确认制动缸压力 300kPa 以上, 防止溜逸。

1. 换向手柄前进位加载试验

(1) 主手柄置 2~3 级:

看: 司机台"零位"、"预备"灯灭, 各牵引电机电流表显示正常值。

（2）主手柄置 4 级（瞬间完成）：

看："预备"灯亮，显示屏显示各牵引电机电流回零后，将主手柄退回 0 位。

2. 换向手柄后进位加载试验

试验步骤同上。

3. 辅助司机控制器置于前、后位加载试验

试验步骤同上。

4. 断开操纵台所有开关及电钥匙，并将脱扣 609QA 断开，进行微机Ⅰ、Ⅱ架转换试验

试验内容按低压试验操作，试验完毕恢复正常位置。

5. 闭合 609QA、升弓、合主断、合劈相机、闭合通风机开关 406SA1 或 406SA2 试验

（1）听：牵引通风机 1 启动声，延时 3s 后牵引通风机 2 启动声，延时 3s 后牵引通风机 3 启动声，延时 3s 后牵引通风机 4 的启动声，延时 3s 后"变压器风机"、"油泵"的启动声。

（2）看："牵引通风机"灯灭，"变压器油泵"灯闪亮后熄灭。

6. 闭合制动风机开关 407SA1 或 407SA2

（1）听：制动风机 1、3 的启动声，延时 3s 后，制动风机 2、4 的启动声。

（2）看："制动风机"灯灭。

7. 换向手柄转置制动位，主手柄置 9 位电阻制动试验

（1）看："零位""预备"灯灭，"电制动"灯亮。

（2）励磁电流上升约 930A 时，牵引电流上升 70A，微机显示屏显示"加馈"。

（3）关闭制动风机，电流指示回零，司机台"制动风机"灯亮，"预备"灯亮。

（4）主手柄回零，"零位"灯亮，换向手柄置前进位。

8. 按紧急停车按钮 594SB1 或 594SB2

（1）听：

① 主断路器跳闸声。

② 机车紧急排风声。

（2）看：

① 司机台"主断""预备""零位""劈相机 1""牵引风机""劈相机 2""制动风机"灯亮。

② 监控装置"紧急"灯亮。

9. 恢复紧急停车按钮

要求：恢复紧急停车按钮 15s 延时后，将电空制动器手柄由重联位移置运转位时，重新闭合主断路器。

（1）听："主断路器""劈相机""牵引风机"的吸合声。

（2）看：

① "主断""紧急"灯灭。

② "劈相机 1""劈相机 2"灯灭。

③ "牵引风机"灯灭。

④ 变压器油泵灯亮后熄灭。

10. 断 402SA1 或 402SA 2，降弓，欠压试验

要求：启动劈相机。

（1）看：网压表指示下降。

（2）听：主断路器跳闸声。

（3）看：司机台"主断""欠压""劈相机""牵引风机"灯亮。

（4）断开"劈相机"、"通风机"开关，闭合"主断"看"欠压"、"主断"灯灭。

11. 逻辑控制单元（LCU）转换

要求：断开主断、操纵台全部开关，关闭电钥匙。将逻辑控制单元 A 组转换置 B 组，再进行上述各项内容操作试验（只在车上进行）。试验完毕后恢复各部件至正常状态。

（六）试验结束工作

（1）将所有隔离开关置正常位。

（2）将所有故障状态恢复正常位。

（3）断开所有按键开关及电钥匙。

（4）断开蓄电池开关总控开关。

十一、进行 DK-1 型空气制动机试验（见表 2-4）

表 2-4　DK-1 型电空制动机"五步闸"检查试验程序

顺号	电空制动器						电空制动器			
	过充位	运转位	中立位	常用位	重联位	紧急位	缓解位	运转位	制动位	全制位
第一步		(1) — — — — (2)⌐ 　　(5) — — — — ⌐⌐					(3)⌐ ⌐L (4)			
第二步				(7)⌐	(6)⌐ ⌐L					
第三步	(8)⌐ ⌐L (9)		—							
第四步								— (12)⌐	— (11)⌐	(10)⌐
第五步							(13) (16)	— (15)⌐	— ⌐	(14)⌐

检查方法及项目：

（1）列车管、均衡风缸和总风缸皆为规定压力，制动缸压力为 0。

（2）列车管压力在 3 s 内下降至 0，制动缸压力在 5 s 内升至 400 kPa，最高压力为 450 kPa，并自动撒砂（有级位时切除主断路器）。

（3）空气制动阀手柄移至缓解位，同时下压手柄，制动缸压力应缓解到 0。

（4）制动缸压力不得回升。

（5）列车管压力在 9 s 内升至 480 kPa，均衡风缸在 10 s 内升至 500 kPa。手柄停留 50s 以上。

（6）均衡风缸减压 140~170 kPa 的时间为 5~7 s（6~8 s），制动缸压力 6~8（7~9.5）s 升至 360（400~435）kPa（装有切控阀的机车为 140 kPa）。

（7）均衡风缸、列车管的漏泄量分别 1 min 内不大于 5 kPa 和 10 kPa。

（8）均衡风缸定压，列车管超过规定压力 30~40 kPa，制动缸压力不变。

（9）120 s 左右过充压力消除，列车管恢复定压，制动缸压力缓解为 0。

（10）制动缸压力在 4 s 内升至 280~300 kPa。

（11）制动缸压力不变。

（12）制动缸压力在 5s 内下降至 35 kPa。

（13）均衡风缸、列车管为规定压力。

（14）均衡风缸减压 140（170）kPa 的时间为 5~7（6~8）s。

（15）同（11）。

（16）均衡风缸、列车管恢复规定的压力，制动缸压力为 0。

注意事项：

① 13~16 系空气位操作，应按有关规定进行电空位与空气位的转换。

② 检查试验完毕后，恢复至电空位，将空气制动阀手柄移至运转位。

③ 括号内数字为制动主管定压为 600 kPa 时的数据。

> **任务实施**

任务工单 2-1

任务名称：接车及库内作业 任务类型：小组讨论 任务布置： 　　1．熟知机车检查前的准备工作 　　2．熟知检查机车的方法 　　3．完成 SS4 改型电力机车检查
问题引导： （1）机车检查前的准备工作有哪些？   （2）分别画出 SS4 改型电力机车车底及走行部、车上和车顶的检查路线图。   （3）机车备品中，分别叙述响墩、火炬、短接铜线的作用。   （4）车钩的基本尺寸及标准要求是什么？

项目 3　出段与挂车作业

机车乘务员全面检查机车作，各项试验完成后，核对设备证件齐全即可办理出段手续。机车乘务员一次乘务过程中"两出两入"是关键。"两出"所指就是出库和出段。出库时，由于段管线设备条件落后，道岔号数小，机车限制速度低，机车走行很容易超速，甚至造成脱轨事故。再者机务段内设备复杂，铁路工作人员经常需要横越线路作业，易造成人身伤害事故。为此机车乘务员出库时严格落实作业标准，执行要道还道制度，彻底瞭望，确认道岔位置及信号显示，控制速度，遇突发事件立即停车。出段时，要凭调车信号的显示运行，严禁臆测行车。列车运行监控记录装置在出入库及调车模式下，不识别地面信号，为此机车乘务组非操纵司机要站立瞭望，注意道岔位置、信号显示及线路两旁情况。

> 任务布置

1. 机车出段前需要的设备证件
2. 标准完成起动机车任务
3. 完成平稳连挂作业任务

> 相关知识

一、司机鸣笛方式含义（见表 3-1）

表 3-1　机车、自轮运转特种设备鸣笛方式

名　称	鸣示方式	使用时机
起动注意信号	一长声　—	1. 列车起动或机车车辆前进时（双机牵引或使用补机时，本务机车鸣笛后，补机应回答，本务机车再鸣笛一长声后起动） 2. 接近车站、鸣笛标、曲线、道口、桥梁、隧道、行人、施工地点、黄色信号、引导信号、容许信号或天气不良时 3. 自动闭塞区间，通过信号机前停车后，能继续运行，通知运转车长时 4. 电力机车在检修及整备中，准备降下或升起受电弓时
呼唤信号	二短一长声　‥—	1. 机车要求出入段时 2. 在车站要求显示信号时
警报信号	一长三短声　—‥‥	1. 发现线路有危及行车安全的不良处所时 2. 列车发生重大、大事故及其他需要救援情况时 3. 列车在区间内停车后，不能立即运行，通知运转车长时
试验自动制动机及复示信号	一短声　‥	1. 试验制动机开始减压时 2. 接到试验制动结束的手信号，回答试风人员时 3. 调车作业中，表示已接受调车长所发出的手信号时

续表 3-1

名　称	鸣示方式	使 用 时 机
缓解及溜放信号	二短声 ‥	1. 试验制动机缓解时 2. 要求列车乘务组缓解人力制动机时 3. 复示溜放调车信号时
拧紧人力制动机信号	三短声 …	1. 要求列车乘务组拧紧人力制动机时 2. 要求就地制动时
紧急停车信号	连续短声 ……	司机发现（或接到通知）邻线发生障碍，向邻线上运行的列车发出紧急停车信号时。邻线列车司机听到此种信号后，应紧急停车

二、出库、出段信号显示及意义

（一）调车色灯信号机的显示方式

（1）一个月白色灯光——准许越过该信号机调车，如图 3-1 所示。

图 3-1　一个月白色灯光

（2）一个蓝色灯光——不准越过该信号机调车，如图 3-2 所示。

图 3-2　一个蓝色灯光

（二）手信号显示及意义

1. 停车信号

昼间——展开的红色信号旗；夜间——红色灯光，如图 3-3 所示。

图 3-3　停车手信号

昼间无红色信号旗时，两臂高举头上向两侧急剧摇动；夜间无红色灯光时，用白色灯光上下急剧摇动，如图 3-4 所示。

图 3-4　停车手信号

2. 道岔开通信号：表示进路道岔准备妥当

昼间——拢起的黄色信号旗高举头上左右摇动；夜间——白色灯光高举头上，如图 3-5 所示。

图 3-5 道岔开通信号

机车出入段进路道岔准备妥当后,显示如下道岔开通信号:

昼间——展开的黄色信号旗高举头上左右摇动;夜间——黄色灯光高举头上左右摇动,如图 3-6 所示。

图 3-6 段内道岔开通信号

"道岔开通信号"是当调车机车作业及机车出入段时所经过的进路上,扳道员已将有关道岔准备妥当并已确认进路安全后,向有关行车人员显示的联系信号。为了区别一般调车作业与机车出入段的不同性质,因此规定了不同的信号显示方式。

3. 股道号码信号:要道或回示股道开通号码

一道:昼间——两臂左右平伸;夜间——白色灯光左右摇动,如图 3-7 所示。

图 3-7 一道手信号

二道:昼间——右臂向上直伸,左臂下垂;夜间——白色灯光左右摇动后,从左下方向右上方高举,如图 3-8 所示。

图 3-8　二道手信号

三道：昼间——两臂向上直伸；夜间——白色灯光上下摇动，如图 3-9 所示。

图 3-9　三道手信号

四道：昼间——右臂向右上方，左臂向左下方各斜伸 45°角；夜间——白色灯光高举头上左右小动，如图 3-10 所示。

图 3-10　四道手信号

五道：昼间——两臂交叉于头上；夜间——白色灯光作圆形转动，如图 3-11 所示。

图 3-11　五道手信号

六道：昼间——左臂向左下方，右臂向右下方各斜伸 45°角；夜间——白色灯光作圆形转动后，再左右摇动，如图 3-12 所示。

图 3-12　六道手信号

七道：昼间——右臂向上直伸，左臂向左平伸；夜间——白色灯光作圆形转动后，左右摇动，然后再从左下方向右上方高举，如图 3-13 所示。

图 3-13　七道手信号

八道：昼间——右臂向右平伸，左臂下垂；夜间——白色灯光作圆形转动后，再上下摇动，如图3-14所示。

图3-14 八道手信号

九道：昼间——右臂向右平伸，左臂向右下斜45°角；夜间——白色灯光作圆形转动后，再高举头上左右小动，如图3-15所示。

图3-15 九道手信号

十道：昼间——左臂向左上方。右臂向右上方各斜伸45°角；夜间——白色灯光左右摇动后，再上下摇动作成十字形，如图3-16所示。

图3-16 十道手信号

十一至十九道，须先显示十道股道号码，再显示所要股道号码的个位数信号。

二十道及以上的股道号码，各站根据需要自行规定，并纳入《站细》。

4. 连结信号：表示连挂作业

昼间——两臂高举头上，使拢起的手信号旗杆成水平末端相接；夜间——红、绿色灯光（无绿色灯光的人员，用白色灯光）交互显示数次，如图3-17所示。

图 3-17　连接手信号

5. 取消信号：通知将前发信号取消。

昼间——拢起的手信号旗，两臂于前下方交叉后，急向左右摇动数次；夜间——红色灯光作圆形转动后，上下摇动，如图3-18所示。

图 3-18　取消手信号

6. 要求再度显示信号：前发信号不明，要求重新显示

昼间——拢起的手信号旗右臂向右方上下摇动；夜间——红色灯光上下摇动，如图 3-19 所示。

图 3-19　再度显示手信号

7. 告知显示错误的信号：告知对方信号显示错误

昼间——拢起的手信号旗两臂左右平伸同时上下摇动数次；夜间——红色灯光左右摇动，如图 3-20 所示。

图 3-20　告知显示错误手信号

8. 指挥机车向显示人方向稍行移动的信号

昼间——拢起的红色信号旗直立平举，再用展开的绿色信号旗左右小动；夜间——绿色灯光下压数次后，再左右小动，如图 3-21 所示。

图 3-21　向显示人方向稍行移动手信号

9. 指挥机车向显示人反方向去的信号

昼间——展开的绿色信号旗上下摇动；夜间——绿色灯光上下摇动，如图3-22所示。

图 3-22　向显示人反方向去手信号

10. 指挥机车向显示人反方向稍行移动的信号

昼间——拢起的红色信号旗直立平举，再用展开的绿色旗上下小动；夜间——绿色灯光上下小动，如图3-23所示。

图 3-23　向显示人反方向稍行移动手信号

三、段内动车的注意事项

（1）摘解机车时，确认遗留机车实施防溜措施后方可摘开车钩。
（2）动车前要确认车下无人，全员上车。
（3）双班司机操纵机车在段内走行要求学习司机（非操纵司机）站立瞭望。
（4）段内走行速度不超过 15 km/h。
（5）走行过程中由近至远逐一呼唤、确认调车信号及道岔开通位置（手扳道岔应手比确

认)，接近调车信号 20 m 前，学习司机须手比确认。

四、段内动车出段作业

（1）司机确认具备升弓条件后升弓，闭合升弓琴键开关。二人共同确认机车受电弓动作状态和受电弓滑板与接触网接触状态（一般要求机车升后弓），同时确认接触网电压，接触网额定电压 25 kV；

（2）闭合主断路器琴键开关（闭合主断路器前确认主手柄级位在"零位"），并确认主断路器是否闭合；

（3）闭合空压机开关并确认总风缸压力在 750 kPa 以上，否则空压机自动向机车总风缸补风；

（4）按规定启动机车劈向机，完成劈向机启动；

（5）启动机车辅助风机，此时机车具备走车条件；

（6）按压监控器出入段键，确认监控器进入出入段模式，限速 15 km/h；

（7）单阀制动、缓解作用良好后，方准缓解手制动机，撤除止轮器；

（8）联控（鸣示要求出段信号）出段，调车信号（道岔开通信号）开放后，在第一架调车信号前，司机、学习司机在信号侧开窗、开门，共同探头呼唤、手比确认信号，鸣笛动车；

（9）机车单阀置运转位，将换向手柄置于前牵位，主手柄置于 1 位动车；

（10）按规定时间出段，出库闸楼处一度停车，学习司机交验设备检测合格证、报单签点，了解挂车股道并向司机报告，司机复诵；

（11）LKJ 退出出/入段模式，进入调车模式，如图 3-24 所示。确认信号，车机联控，动车出段。

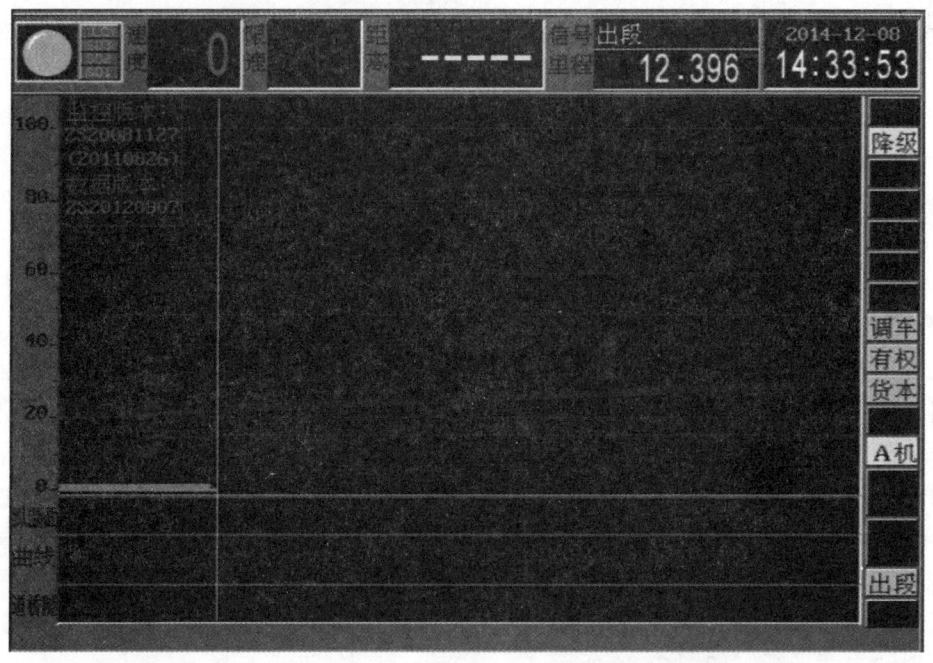

图 3-24　显示器界面

五、连挂作业前准备工作

全员确认挂车股道与车站通知一致。进入挂车线后,确认停留车位置,开放两侧窗,按十、五、三车距离控制速度,距脱轨器、防护信号、车列 10 m 前停车,手比、呼唤、确认脱轨器(见图 3-25)、车体两侧防护信号撤除(见图 3-26)。学习司机在固定脱轨器处显示领车信号使机车全部越过(受距离限制时,机车第一动轮越过固定脱轨器后即可停车),操纵端司机室越过后收回。遇异常情况时及时呼喊司机停车,并显示停车手信号。单班单司机值乘及固定调车机车在固定脱轨器前停车确认。

图 3-25 脱轨器

图 3-26 防护信号

六、连挂作业

连挂作业人员应在司机侧显示手信号。但遇有高站台并由机车乘务员负责连挂时,在非站台侧显示手信号。

第一步:确认脱轨器及车体两侧防护信号撤除、相关人员处于安全位置后,使机车或车辆车钩处于"全开位"后,面向司机显示"连结"信号,再面向车列显示"向显示人方向稍行移动"的信号。发现钩位不正等需进行调整时,必须先显示停车信号,确认机车停稳、通知司机后进行调整。

第二步:司机确认脱轨器、防护信号撤除,确认连结信号、相关人员处于安全位置后鸣笛动车,以不超过 5 km/h 速度平稳连挂,根据需要适量撒砂。

第三步:连挂后,连挂作业人员显示"停车"信号,司机鸣笛回示。连挂作业人员检查车钩锁闭状态后,向司机显示"向显示人反方向稍行移动"的信号,司机确认机车距出站或进路信号机距离后鸣笛试拉。试拉后,连挂作业人员确认可靠连结后显示"停车"信号。

第四步:作业完毕,连挂作业人员显示"好了"信号,司机鸣笛回示。未成功连挂时重新作业。列检人员、车辆乘务员需进入机车与车辆间处理车钩等故障时,须通知司机反向移动,并显示"摘解"信号,司机换端后操纵,移动 6 m 左右停车。

第五步:连结软管后,先开机车折角塞门,后开车辆折角塞门。开折角塞门时,折角塞门手把与制动主管平行,如图 3-26 所示。

七、换端或更换操纵台

（1）司机必须在运行方向前端司机室或与运行方向一致的操纵台操纵，但调车作业推进运行及连挂作业试拉时除外。单司机室的固定调车机，可固定操纵台操纵。

（2）司机实施最大有效减压后，单阀运转位，全员确认制动缸压力达到定压，取出并携带单阀、换向手柄及电钥匙（SS9 型机车不换受电弓时除外），和谐型机车将自阀置于重联位后插入定位销。学习司机在司机侧监控机车制动缸压力，遇有制动缸压力下降立即采取有效措施。司机至另端或另一操纵台后单阀全制动，插入换向手柄鸣笛一短声（单司机室可不鸣笛）。学习司机听到司机鸣笛后回示，携带自阀手柄，锁闭门、窗至另端。单班单司机换端，不得在机械间停留。

八、机车与第一辆车连挂的规定

列车机车与第一辆车的连挂，由机车乘务员负责。单班单司机值乘的由列检人员负责；无列检作业的列车，由车辆乘务员负责；无车辆乘务员的列车，由车站人员负责。

列车机车与第一辆车的车钩摘解、软管摘结，由列检人员负责。无列检作业的列车，车钩、软管摘解由机车乘务员（单班单司机值乘的由车辆乘务员）负责，软管连结由车辆乘务员负责；无车辆乘务员的列车，由机车乘务员（单班单司机值乘的由车站人员）负责。

列车机车与第一辆车电气连接线的连结与摘解由客列检作业人员负责，无客列检作业人员时，由车辆乘务员负责。

货物列车本务机车在车站调车作业时，无论单机或挂有车辆，与本列的车辆摘挂和软管摘结，均由调车作业人员负责。

旅客列车在途中摘挂车辆时，车辆的摘挂和软管摘结，由调车作业人员负责，密封风挡和电气连接线的连结与摘解由车辆乘务员负责，其他由列检作业人员负责，无列检作业人员时，由车辆乘务员负责，必要时打开车门，以便于调车作业。装有密接式车钩的客车车辆摘挂时，过渡车钩的安装与拆卸由列检人员负责，无列检人员时由车辆乘务员负责。

列车机车与动车组过渡车钩的连结与摘解、软管摘结、电气连接线的连结与摘解，由随车机械师负责。

> **任务实施**

任务工单 3-1

任务名称：出段与挂车
任务类型：小组讨论
任务布置：
1. 完成段内动车操作
2. 平稳连挂车辆
问题引导：
（1）简述机务段内机车乘务员使用什么信号要道。
（2）机车具备走车条件后，机车动车的操作步骤有哪些？
（3）防护信号和脱轨器的作用是什么？如何实现防护？什么条件下允许机车连挂？
（4）简述连挂的作业流程和注意项点。

项目 4　发车、运行与调车作业

发车与列车运行及中间站调车作业是一次乘务作业中的重要组成部分，是铁路运输生产工作的基础。

任务 4.1　发车作业

列车起动的基本要求：起车稳、加速快、不空转。

> **任务布置**

1. 能熟练掌握发车前相关准备工作
2. 能熟练掌握复检机车内容
3. 能正确核对施工命令
4. 标准化完成发车工作

> **相关知识**

一、发车前的准备工作

机车挂车后，司机应利用在发车之前的这段时间内输入监控装置相关数据，确认机车信号上下行开关位置与列车运行方向相符，确认操纵台各仪表显示均正常。

1. 按照技规相关规定进行制动机实验

建立列尾"一对一"关系。设有检充点的车站，由列尾作业人员负责，未设检充点的车站，由机车乘务员负责。司机按压控制盒查询尾部风压，核对机车号和风压数值正确。旅客列车机车连挂后，车辆乘务员将客列尾主机 ID 号、通信联系方式书面提供给司机，并与司机联系建立 LBJ 与 KLW 的"一对一"关系。

2. 简略试验

（1）司机确认达到规定的压力后（不得使用过充位充风），使用自阀减压 100 kPa，对照列车排风时间表核对排风时间，并保压 1 min，确认制动主管漏泄量每分钟不超过 20 kPa。发现充、排风时间短等异常或制动主管漏泄量每分钟超过 20 kPa，通知列检或车站人员检查处理。装有防折关装置的机车应确认制动主管贯通情况。

司机应注意瞭望列检人员的试验信号，并按规定鸣笛回答。列检简略试验后，实际发车时间超过 20 min 时，发车前列检对无列尾装置或列尾装置故障的列车须重新进行简略试验。

挂有列尾装置时，根据车站通知的开车时间，由司机负责简略试验，并查询尾部风压。

由司机负责简略试验时，车站值班员在发车前 4 min（百辆列车为 20 min）通知司机。

（2）由车站负责简略试验时。

助理值班员到达列车尾部后通知司机简略试验。司机缓解列车并确认达到规定的压力后，使用自阀减压 100 kPa 并保压 1 min，测定列车管贯通状态。助理值班员检查确认列车最后一辆车制动活塞伸出并通知司机尾部车辆已制动。司机检查列车管压力下降每分钟不超过 20 kPa 后，缓解列车。助理值班员确认伸出的制动活塞收回后，通知司机尾部车辆已缓解。

助理值班员使用列车无线调度通信设备联系简略试验时，可不显示有关信号，司机可不鸣笛应答。

（3）列车制动机试验时，减压前、排风结束后、缓解前，司机须按压 LKJ 定标键记录充、排风时间，作为本次乘务列车操纵和制动机使用的参考依据。制动机排风口设在机械间的机车，在进行制动机试验时应开启机械间门或侧窗；设有流量表的机车同时应注意流量表显示。

（4）每次进行制动机试验时，操纵司机须在司机手册内记录站名、制动时间、减压量、排风时间、缓解压力、保压时间、充风时间。

（5）列车制动机简略试验、确认贯通后（得到制动机试验完了的通知，挂有列尾装置时为尾部风压达到定压），不能立即开车时（指进路、出站信号机未开放时），司机须使列车保持制动（制动主管减压 100 kPa 及以上），直至发车前出站（发车进路）信号机开放后，方能缓解列车制动。

（6）遇下列情况时进行简略试验：

① 客列检作业后，旅客列车始发前；

② 更换机车或更换乘务组时；无列检作业的始发列车发车前；

③ 列车软管有分离情况时；列车停留超过 20 min 时；

④ 列车摘挂补机，或第一机车的自动制动机损坏交由第二机车操纵时；

⑤ 机车改变司机室操纵时；

⑥ 单机附挂车辆时。

（7）挂有后部补机并连结软管时，简略试验由本务司机与补机司机负责，联系用语（制动前、制动后、缓解后）：

本务司机：××（次）后部补机核对风压。

补机司机：××（次）尾部风压×× kPa。

本务司机：××（次）尾部风压×× kPa，司机明白。

（8）列车在始发站开车前，列车管减压 100 kPa 以上，单阀缓解，司机确认闸瓦缓解间隙或闸片与轮盘间隙（高站台车站对非高站台侧进行检查）；多台机车重联、附挂时，其他机车司机应在本务机车检查完毕制动后分别检查。发现闸瓦缓解间隙不符合规定的立即进行调整，并在调整间隙后，进行制动试验，检查确认制动作用（HXN3 型机车单司机值乘时除外）。

（9）制动试验结束后，确认防护信号撤除。机车连挂后，在未撤除防护信号前，禁止机车移动。

3. 全部试验

（1）自阀减压 50 kPa（编组 60 辆及以上时为 70 kPa）并保压 1 min，对列车制动机进行感度试验，全列车必须发生制动作用，并不得发生自然缓解，司机检查制动主管漏泄量，每分钟不得超过 20 kPa；手柄移至运转位后，全列车须在 1 min 内缓解完毕。

（2）自阀施行最大有效减压（制动主管定压 500 kPa 时为 140 kPa，定压 600 kPa 时为 170 kPa），对列车制动机进行安定试验，以便检车员检查列车制动机，要求不发生紧急制动，并检查制动缸活塞行程或制动指示器是否符合规定。

（3）遇下列情况时进行全部试验：

① 货车列检对解体列车到达后施行一次到达全部试验，对编组列车始发前施行一次始发全部试验，对有调车作业中转列车到达后首先施行到达全部试验，发车前只施行始发全部试验中的漏泄试验；

② 货车特级列检和安全保证距离在 500 km 左右的一级列检，对无调车作业中转列车始发前施行一次始发全部试验；

③ 无列检作业场车站始发的列车，在途经第一个列检，作业场进行无调车中转技术检查作业时施行一次始发全部试验；

④ 列检作业场对运行途中自动制动机发生故障的到达列车；

⑤ 旅客列车库内检修作业；

⑥ 在有客列检作业的车站折返的旅客列车。

站内设有试风装置时，应使用列车试验器试验，连挂机车后只做简略试验。对装有空气弹簧等装置的旅客列车应同时检查辅助用风系统的泄漏。

4. 持续一定时间的保压试验

在长大下坡道前方的列检作业场需进行持续一定时间的保压试验时，应在列车制动机按全部试验方法试验后，自阀减压 100 kPa 并保压 3 min，列车不得发生自然缓解。

列车制动机进行持续一定时间的全部试验后，列检填发制动效能证明书交与司机。

5. 关门车数超过现车总辆数的 6%时

关门车数超过现车总辆数的 6%时有列检作业的由列检人员填发制动效能证明书；无列检作业的由车站填写闸瓦压力计算表，司机交接签认。当每百吨列车重量的换算闸瓦压力低于《技规》及本区段列车运行规定时，司机向车站值班员报告，列车调度员发布限速运行的调度命令。

6. 旅客列车五必查

列车制动机试验减压前；列车制动机试验缓解后列车管风表未达到定压时；始发（停车）站、区间停车开车后；重新建立客列尾系统连接时（折角换挂或更换列尾主机）；排风时间异常、制动力弱、列车不能正常起动等异常情况。

7. 货物列车八必查

制动机试验减压前；列车管排风结束后；列车缓解后（在列车管未达到定压时）；起动列车前，司机须确认列尾风压稳定上升；全列起动后；列车进站前；运行途中接近列尾装置盲区区段前和越过盲区区段后；运行途中接近长大下坡道前。

8. 挂车后机车全制动，司机复检机车、确认机车与第一辆车的车钩、软管连接和折角塞门状态（见图 4-1）

（1）车钩中心水平线的差度不超过 75 mm；

（2）两车钩均在落锁状态；
（3）软管连结器不漏泄；
（4）两车钩提杆均在落座无抗劲；
（5）车钩锁闭良好，并安装好防跳穿销；
（6）机车软管吊挂、防尘堵放于规定位置（单机时检查两端）；
（7）确认砂路畅通；
（8）确认走行部、蓄电池箱门、牵引电机盖等锁闭良好。

图 4-1　司机复检机车

9. 连接供电系统电力联线

（1）电力机车断开主断路器、降下受电弓，在机车《列车供（断）电交接记录簿》上签认时间、姓名。

（2）在机车与客车连接处站台侧将供电钥匙交与客列检，客列检在机车《列车供（断）电交接记录簿》上签认时间、姓名。

（3）作业完毕，车辆乘务员在机车与客车连接处站台侧将供电钥匙交回，请求供电，并在机车《列车供（断）电交接记录簿》上签认时间、姓名。

（4）接到供电钥匙后，在车辆乘务员保存的《列车供（断）电交接记录簿》上签认时间、姓名后，方可升弓、合主断（供电柴油机起机）、向列车供电。

（5）机车升弓后，空气压缩机正常工作，司机鸣笛三短声，通知客列检打开折角塞门。

（6）担当向客车供电的机车须于始发前 50 min 到达站台连挂位置，保证开车前 40 min 供电。

10. 票据交接与保管

（1）货运票据实行封票交接，由车站封固后，连同《列车编组顺序表》及《列车编组通知单》一并交机车乘务员，机车乘务员保证票据完好。

列车运行前方作业站机车乘务员与接车人员在机车停车处地面交接，车站接收票据人员在司机手册中签字，司机接收时在货运票据交接簿中签字。货票交接如图 4-2 所示。

在换乘站，机车乘务员间相互交接货运票据、《列车编组顺序表》和《列车编组通知单》；到达机车乘务员向车站递交《列车编组顺序表》。

加挂补机时，车站另向补机司机递交《列车编组通知单》。

____站编组____站终到____年____月____日____时____分____次列车												
自首尾（不用字抹销）　　制表者　　检查者												
顺序	室种	罐车油种	车号	自重	换长	载重	到站	货物名称	发站	篷布	收或货卸人线	记事

自编组站出发及在途中站摘挂后列车编组														
	客车				货车									
		其中											
站名	合计	原编组客车	担当局	加挂客车	担当局	重车	空车	非运用车	其中代客	守车	其他	合计	自重	载重	总重	换长	铁路篷布合计
到达时间　　月　　日　　时分　　交换时间　　时分　　车长鉴字																

图 4-2 货票交接

（2）《客运列车编组通知单》交接。

① 旅客列车始发站，《客运列车编组通知单》由运转车长与司机交接时，由运转车长连同其他交接内容直接与司机当面进行交接。

② 旅客列车编组无变化，途中站不更换机车，仅更换机车乘务员时，《客运列车编组通知单》由司机间相互交接。

③ 途中站更换机车或旅客列车编组有变化时，《客运列车编组通知单》内容由运转车长（车辆乘务员）使用列车无线调度通信设备通报司机。

④ 其他不设运转车长的旅客列车，《客运列车编组顺序表》《客运列车编组通知单》由车站人员与机车乘务员交接；《客运列车挂车通知单》由挂车站交司机，由司机负责交摘车站、终到站。途中更换机车时，继乘机车乘务员根据车站传递的《客运列车编组顺序表》填记司机报单。

11. 输入数据

（1）司机按照监控提示卡正确输入，学习司机核对；确认司机号、学习司机号、区段号、车站号、车次种类、车次编号、列车种类、本/补、总重、辆数、计长、车速等级等数据正确，开车灯点亮。根据运行交路选定 CIR 通信模式，运行中根据提示信息或通信转换标志正确转换通信模式，如图 4-3 所示。

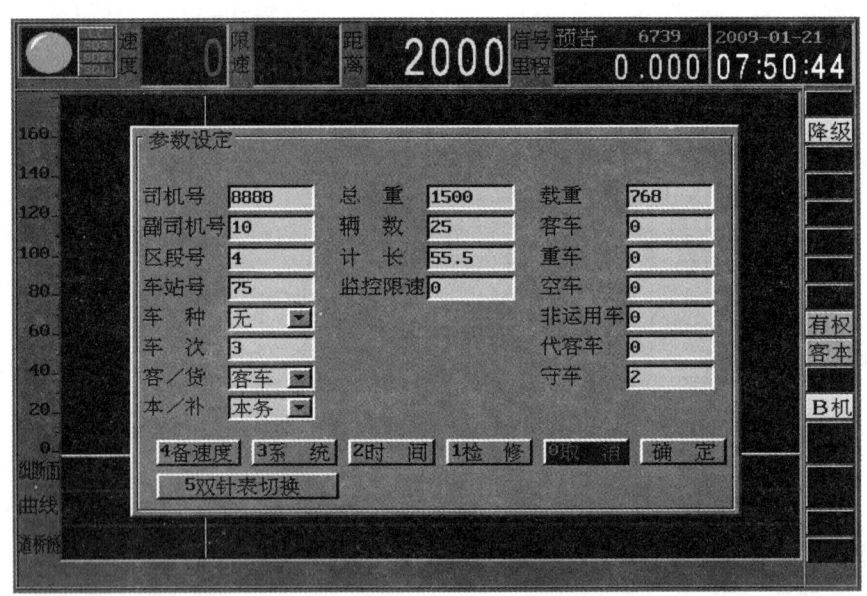

图 4-3 机车乘务员输入监控数据

（2）学习司机（单班单司机时为司机）计算列车长度，记入司机手册记事栏"××m"。

（3）列车计算长度 $A=B+C+D$。其中：全列车长度 $B=$换算长度×11+机车长度，全列车钩伸张间隙 $C=$辆数×0.15，尾部安全距离 D（站线 1 050 m 及以上为 20 m，站线 1 050 m 以下为 10m）。并应查看列车编组通知单，了解列车编组状态，货物列车主要查看有无重油罐车，油罐车的编组位置，是否是空重混编列车，空车所在位置，做到心中有数，有利于列车在途中运行时的列车操纵。列车长度计算，有利于列车尾部过岔提速，列车尾部过限速地点，提前争取提速时机，列车整列到达。

将单独制动阀移至全制动位，将换向手柄移动至前进位，将主手柄瞬间移至一位，使机车加载，并瞬间回零，目的是确认机车牵引状态，为列车起动做好准备工作。

二、发车前应具备的条件

（1）发车前 3 min，全员登上司机室，并再次确认各开关状态及手柄位置。

（2）司机再次确认列尾装置控制盒绿色键，检查列尾列车管压力是否与机车制动主管压力相符。

（3）两人共同确认占用区间的行车凭证，调度命令，进路表示器，并严格执行"车机联控"制度和呼唤应答制度。并做到没有凭证不喊信号，高声呼唤，手笔眼看，如图 4-4 所示。

图 4-4 机车乘务员呼唤应答

三、发　车

（1）全员确认出站、进路信号显示，具有多方向的须确认进路表示器显示正确。非正常情况下确认行车凭证正确。

装有进路表示器的出站信号机，当该表示器不良时，由办理发车人员通知司机后，列车可凭出站信号机的显示出发。

（2）确认 LKJ 工况显示与换向手柄位置一致，上下行开关位置、机车信号显示正确。

（3）旅客列车开车前，信号开放后，司机主动询问进路。其他列车，信号开放后，接到车站值班员出站或发车进路好了的联控后，司机确认信号正确后复诵；未得到车站值班员通报进路时，司机应主动询问。

（4）确认发车信号。

① 单机及无运转车长值乘的列车，均由发车人员直接向司机显示发车信号，通信记录装置良好的车站，准许使用列车无线调度通信设备发车。

旅客列车一律使用手信号灯（旗）发车。新技规颁布后，取消运转车长岗位，列车发车由车站外勤助理值班员负责。遇有降雾、暴风、雨、雪天气或列车较长、邻线停留车及曲线影响视线等情况时，车站发车人员使用列车无线调度通信设备（其通信记录装置须良好）发车，在通信记录装置不良时，直接向司机显示发车信号。

② 确认发车信号时须全员在发车信号侧呼唤、手比"三圈"，双人值乘区段，二人分别开

门、窗。遇天气不良或特殊情况下确认发车信号困难时,司机应使用列车无线调度通信设备进行确认,如图 4-5、4-6 所示。

图 4-5　发车手信号

图 4-6　机车乘务员确认发车手信号

确认发车信号手比时,手臂伸直握拳指向发车手信号方向,根据圈数相应伸出小指、无名指、中指,同时呼唤:"发车信号一圈、两圈、三圈好了"。

③ 旅客列车在乘降所(不包括按乘降所办理的车站)一停再开时,运转车长(不设运转车长时为车辆乘务员)在列车尾部得到客运乘务员确认旅客乘降完毕鸣哨的通知后发车。车辆乘务员使用列车无线调度通信设备通知司机发车,列车无线调度通信设备故障,使用手信号灯(旗)发车。

(5)确认发车后,制动机手柄位置正确、各仪表显示正常,查询列尾风压正常,鸣笛起车。

货物列车起动困难时,可适当压缩车钩,但不应超过总辆数的 2/3。压缩车钩后,在机车加载前,不得缓解机车制动。

电力机车进级时,牵引电流(功率)稳定上升。当列车不能起动或起动过程中空转不能消除时,应迅速调整主手柄位置,重新起动列车。

(6)后部瞭望。

① 双班值乘区段,全列起动 10m 后站台侧、非站台侧交替进行后部瞭望(单机除外),确认可视范围内机车、车辆状态,相关作业人员、旅客等情况,发现影响行车安全时,及时采取停车措施。

② 在区间乘降所停车办理客运业务时,开车前司机须对乘降侧进行后部瞭望,列车起动后再次瞭望。

③ 单司机值乘时,开车后可不进行后部瞭望。

(7)站立瞭望。

① 进、出站时站立瞭望时机:

列车起动,学习司机站立瞭望至进路或出站信号机平齐处;车站通过,在进站信号机平齐处站立、出站信号机平齐处坐下;站内停车,在进站信号机平齐处站立,停车后坐下(单端司机室的 HXN5 型机车长端在前时除外)。

对多个站场的车站,通过时在助理值班员接车场进路信号机,停车时在停车场进路信号机处站立。

② 双班单司机值乘时,间休司机应在非操纵端休息。在学习司机侧值乘时,须坐姿端正、按规定站立瞭望,如图 4-7 所示。

图 4-7 机车乘务员站立确认信号

(8)监控装置在规定地点对标开车,一般为出站信号机处,按压监控装置开车键,使监控装置处于监控模式,学习司机提示道岔限速。对旅客列车,司机预报下一停车站或停车的乘降所。

(9)司机手册记点。

列车在停、开、通过车站时均应记点。全列出站,先呼唤后记点,遇黄、红信号及道口、曲线、桥梁、隧道等须加强瞭望时不允许记点。

单司机值乘时,只在列车停、开及局间分界站通过时记点,记点须在停车状态进行。双班单司机值乘时谁操纵谁记点,分别按担当区段在各自司机手册记点,如图 4-8 所示。

图 4-8　机车乘务员记点

（10）起动稳，加速快，精心操纵，按规定鸣笛，随时检查机车总风缸、制动主管、制动缸的压力及各种仪表的显示，注意接触网状态。

接触网挂有异物时，要立即采取停车措施，电力机车同时迅速降下受电弓。接触网临时停电或异常时，要迅速断开主断路器、降下受电弓，立即采取停车措施。

（11）根据昼、夜变化及恶劣天气、隧道内瞭望距离不足等情况，及时开放机车头灯、标志灯。

（12）机车登乘。

机车乘务组以外人员登乘机车时，须凭登乘机车证登乘。登乘机车的人员，在不影响乘务人员工作的前提下，经司机检验准许后方可乘坐。一台机车的登乘人数除特殊需要外，不得超过 2 人。登乘机车的人员，不得在非操纵端乘坐。无登乘证件的人员严禁登乘机车。机车乘务员对非法登乘机车的人员劝阻无效时，有权不开车，报请车站处理。

非机务人员不允许在学习司机侧乘坐。添乘人员在学习司机侧值乘时，须坐姿端正、按规定站立瞭望。

项目 4 发车、运行与调车作业

> **任务实施**

任务工单 4-1

任务名称：发车作业

任务类型：小组讨论

任务布置：
1. 能熟练掌握发车前相关准备工作
2. 能熟练掌握复检机车内容
3. 能正确核对施工命令
4. 标准化完成发车工作

问题引导：

（1）制动机简略实验规定有哪些？

（2）复检机车内容有哪些？

（3）发车前必须具备条件有哪些？

（4）列车起动后，后部有哪些瞭望要求？

（5）学习司机站立瞭望要求有哪些？

（6）简述登乘机车相关规定。

任务 4.2　途中操纵

途中作业是机车乘务员一次乘务作业过程的主要阶段，包括列车内操纵、呼唤应答、学习司机走廊巡视等作业内容，途中操纵的顺利完成直接影响列车行车的安全和正点，所以，机车乘务员必须熟悉本担当区段的线路情况，结合担当不同的牵引任务、不同的天气情况，综合制定操纵办法，使列车安全正点到达终点站，顺利完成一次乘务作业任务。同时，对于列车运行过程中发生的突发事故必须沉着冷静。

途中操纵的一般要求：起车加速快、途中速度高、利用惰力好、进站调速稳、停车位置准。

➤ 任务布置

1. 能掌握途中操纵一般要求
2. 能掌握不同线路列车操纵办法
3. 能掌握特殊条件下列车操纵办法
4. 掌握制动机使用办法

➤ 相关知识

子任务 4.2.1　途中操纵一般要求

一、列车操纵示意图

列车操纵示意图是机车乘务员操纵列车的主要依据。列车操纵示意图应包括以下内容，如图 4-9 所示。

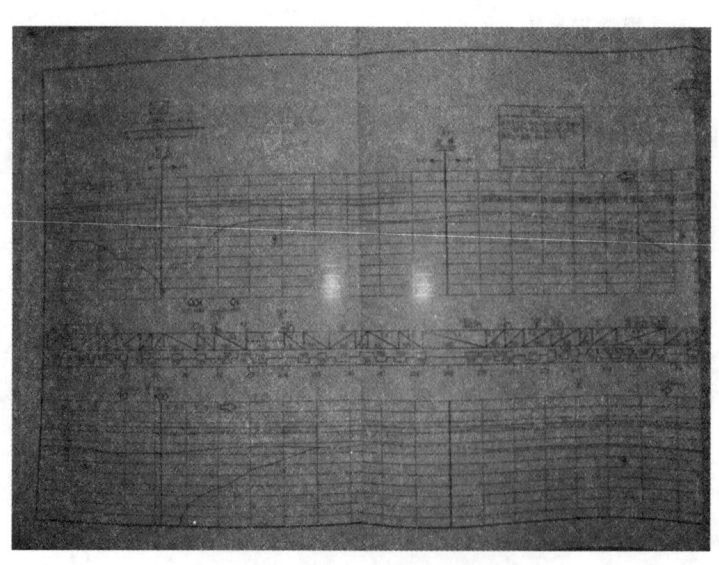

图 4-9　列车操纵示意图

（1）列车速度曲线；
（2）运行时分曲线；
（3）线路纵断面和信号机位置；
（4）站场平面示意图；
（5）提、回手柄地点；
（6）动力制动使用和退回地点；
（7）空气制动减压和缓解地点；
（8）区间限制速度及区段内各站道岔的限制速度；
（9）机械间、走廊巡视时机；
（10）各区间注意事项。

二、确认列车管贯通状态

（1）旅客列车起动后，司机与车辆乘务员核对尾部风压；遇车辆乘务员或司机换班，须使用列车无线调度通信设备相互通报姓名，时机为：在换班站列车起动越过出站信号机后，司机与车辆乘务员核对风压联控时，一并相互通报姓名、核对时钟。

在车站开车，全列越过出站或第一架进路信号机后核对尾部风压，装有列尾装置时还应查询风压。挂有后部补机并连结软管时，需查询、核对尾部风压时，由本务司机与补机司机使用无线调度通信设备联系，联系用语按制动机简略试验时的用语执行。

查询尾部风压时，应核对风压数值正确，并与列车主管风压同升降。

（2）货物列车贯通试验。

① 货物列车开车后，必须进行贯通试验（装有作用良好的列尾装置时除外）。货物列车在规定的贯通试验地点进行贯通试验时，司机确认制动主管排风结束、列车速度下降 5 km/h 及以上方可缓解，同时要确认机车风表压力、流量表及列车充、排风时间。

② 全列空车进行贯通试验时，在条件允许时，对限速 80 km/h 的列车，速度应在 70 km/h 以上，对限速 68 km/h 的列车，速度应在 60 km/h 以上；全列空车进行贯通试验时的减压量不得超过 60 kPa，制动主管风未排完时不得缓解；制动主管排风结束后，速度低于 30 km/h 时不得缓解，直至停车。

三、电力机车运行中注意事项

（1）根据列车速度，适当选择手柄位置。
（2）解除机车牵引力时，牵引手柄要在接近"0"位前稍作停留，再退回"0"位。
（3）使用磁场削弱时，要在牵引电机端电压接近或者达到额定值，电流还有相当余量时，逐级进行，严谨一次推至三级。
（4）过分相操作。

① 电力机车通过分相绝缘器时严禁升双弓，牵引手柄回至零位，按"断"、"合"电标志，

及时断开、闭合主断路器（使用自动过分相时除外，但须注意蜂鸣器鸣响或显示屏显示，发现蜂鸣器未鸣响时立即手动断开主断路器）。同时须确认网压下降、上升，确认显示屏灯显、辅助电压、控制电压，直供电列车确认供电正常。通过分相绝缘器前，列车速度过低时，允许快速退回牵引手柄。

② 自动过分相时，经过乘务区段第一个分相区（上网点），司机须做好手动断开主断路器的准备。运行中自动过分相装置故障或接到地感器故障的通知时，应采用手动过分相（上网点），机车全部越过合电标，确认网压上升并稳定后，合上主断路器。

③ 经过分相点（上网点）时，乘务员须确认地感器状态，发现地面磁感应器失效时，应使用列车无线调度通信设备报告临近车站，如图4-10所示。

（5）遇到接触网故障，升降弓标志或临时降弓、升弓手信号时，及时降下或升起受电弓。

（6）接触网临时停电，需要迅速断开主断路器，降下受电弓，就地停车。

（7）当发现接触网异常，除采取上述措施外，应立即报告电力调度员和列车调度员。

（8）装有DK-1制动机的机车，每运行2～3个区间，应使用检查按钮，检查制动管贯通状态，每个区间小闸单缓两次，避免由于错误触碰导致小闸在制动区所导致的机车带闸运行。

图4-10 升降弓标志

（9）列车运行中，发现制动管压力表表针急剧下降、摆动，以及空气压缩机长时间泵风不止，或列尾装置发出制动管压力不正常报警时，应迅速停止向制动管充风，解除机车牵引力，及时采取停车措施；若确认列车折角塞门关闭，应立即按压列尾装置司机控制盒红色按钮，采用列尾装置主机排风制动措施，停车前，适当撒砂（避免列车由于紧急制动造成滑行，导致动轮踏面擦伤）。停车后，立即上报列车调度员、车站值班员，查明原因并妥善处理；开车前，司机确认制动管贯通状态后，方可起动列车。

（10）遇有紧急情况时，及时实施紧急制动，迅速将大闸手把推向紧急制动位，并迅速解除机车牵引力。全列车未停稳，严禁擅自移动大小闸手柄，紧急制动后，如机车无自动撒砂装置时，应人为撒砂。

（11）装有动力制动装置的机车运行中调速时，应首先使用动力制动，当动力制动不能控制列车速度时，应与空气制动配合使用，配合使用时，应做到以下几点：

① 电力机车给定制动励磁电流时，制动电流的升降要做到平稳。

②制动电流不得超过额定值。

③当动力制动与空气制动配合使用时,应使用小闸单独缓解掉机车制动力,避免机车动力抱死。

④需要缓解时应该先缓解空气制动,再解除动力制动。

(12)中间站停留时,不准停止劈相机和空气压缩机的工作。

①进站停车时,应注意车站接车人员的移动手信号。

②货物列车应保压停车,直至发车前或接到车站准备开车的通知后,方可缓解列车。避免由于列车处于坡道,导致列车尾部由于压钩停车原因,溜出警冲标侵入临线导致列车行车事故的发生。

③夜间等会列车时,应将机车头灯灯光减弱或熄灭。

④中间站停车,有条件时应对机车主要部件进行检查。

⑤机车乘务员必须坚守岗位,不得擅自离开机车。

⑥开车前,应使用列尾装置司机控制盒,检查确认列尾制动管压力。

(13)电力机车在附挂运行中,换向器方向应与列车运行方向相同,主接触器在断开位,严禁进行电器动作实验,严防逆电发生。

(14)机车各安全保护装置和监督、计量器具不得盲目切(拆)除及任意调整其动作参数。内燃、电力机车各保护电器(油压、水温、接地、过流、柴油机超速、超压等保护装置)动作后,在未判明原因前,不得强迫启动柴油机及切除各保护装置。机车保护装置切除后,应密切注视机车各仪表的显示,加强机械间的巡视。

(15)运行中,应随时注意机车各仪表的显示。发现机车故障处所和非正常情况,要迅速判明原因及时处理,并将故障现象及处理情况填记"机车运行日志"。

牵引直供电、双管供风的旅客列车时,运行中应注意确认列车供电电压及电流、列车总风管压力的显示,发现异常情况时应及时通知车辆乘务员,按其要求运行或维持到前方车站停车处理,并报告列车调度员或车站值班员。

旅客列车在区间发生故障需双管改单管供风时,司机应掌握安全速度(最高不超过 120 km/h)运行至前方站后进行,跨局旅客列车改为单管供风后,司机报告车站值班员转报列车调度员。因列车总风管压力漏泄不能维持运行,应立即停车,关闭机车后部折角塞门判断机车或车辆原因,属车辆原因应立即通知车辆乘务员处理。

(16)遇天气恶劣,应加强瞭望和鸣笛,信号机显示距离不足 200 m 时,应立即报告车站值班员或列车调度员。由列车调度员根据实际情况,决定是否发布特殊天气行车办法。

四、安全行车注意事项

(1)不得超越机车限界进行作业,电气化区段严禁攀登机车、车辆顶部,途中停车检查时,身体不得侵入临线限界。

(2)电力机车乘务员需要登机车顶部检查弓网状态或处理故障时,应断开主断路器,降下受电弓,必须向车站值班员或列车调度员申请办理登顶作业,接到列车调度员发布接触网已停电允许登顶作业的调度命令并验电、接地后方准作业。

(3)外走廊式的机车运行中不得在走廊上作业。

（4）严禁向机车外部抛撒火种，机械间严禁吸烟。

（5）列车在区间被迫停车后不能继续运行时，司机应立即使用列车无线调度通信设备通知两端站、列车调度员及运转车长（无运转车长时为车辆乘务员），报告停车原因和停车位置，根据需要迅速请求救援并按规定设置防护。机车故障后 10 min 内不能恢复运行时，司机应迅速请求救援。

（6）遇天气不良、机车牵引力不足等原因，列车在困难区段可能发生坡停或严重运缓时，司机应提前使用列车无线调度通信设备通知两端站或列车调度员。

（7）单机进入区间担当救援作业，在自动闭塞区间正方向运行时，应使 LKJ 处于通常工作状态，严格按分区通过信号机的显示要求行车；在自动闭塞区间反方向、半自动闭塞区间及自动站间闭塞区间运行时，应使 LKJ 处于调车工作状态。在接近被救援列车 2 KM 时，按规定严格控制速度。

（8）运行途中突发难于抵抗的身体急症，要立即报告列车调度员或车站值班员，不能维持驾驶操纵的要立即采取停车措施。

子任务 4.2.2　不同线路的列车操纵

一、平坦线路的列车操纵

（1）列车在平坦线路上起动过程中，列车冲动要小，待全列车钩处于伸开状态后，加速要快，但要注意道岔限速，可通过 LKJ-2000 监控装置屏幕，掌握道岔限度，使列车实际运行速度曲线小于限制速度曲线，当列车尾部通过道岔后，迅速提高列车运行速度（开车前计算全列车长度，当机车头部过岔算起，估算运行计算的列车长度后，即应当适当提高手柄位置，当 LKJ-2000 监控装置确认尾部过岔后迅速加速），使列车尽快达到列车运行图所要求的区间运行速度（起 4 停 2 原则，即在原有区间点上，起车加 4 min，停车 2 min），如图 4-11 所示。

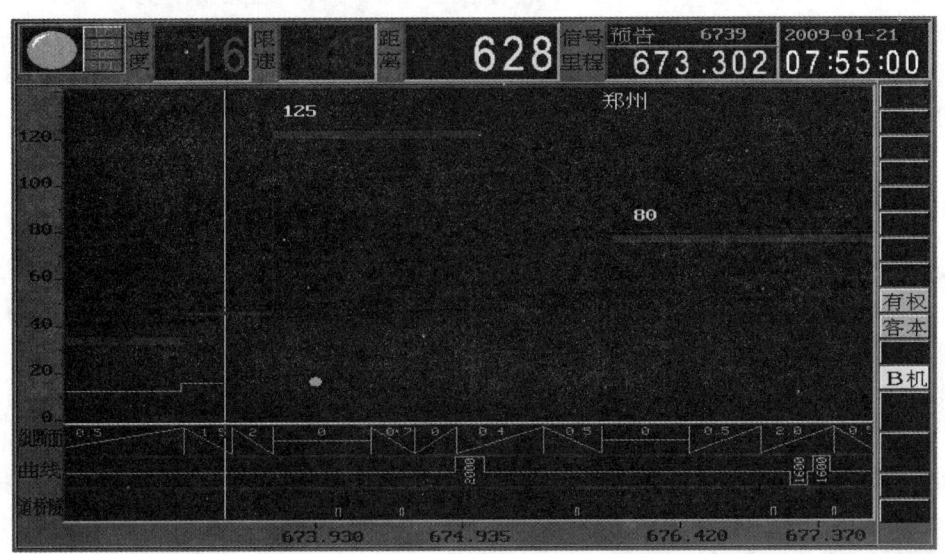

图 4-11　LKJ-2000 监控装置界面

（2）尽量保证列车匀速运行。当列车达到区间点要求的运行速度后，尽量避免反复调整手柄位置，使列车以均衡牵引力牵引列车匀速运行，避免反复提回手柄引起不必要的列车冲动。

（3）充分利用惰力，当列车进入停车站前，司机应根据列车运行的线路情况和列车运行实际情况（风、货物种类、车辆类型等）综合考虑，掌握主手柄回零时机，充分利用惰力。

（4）平稳对标停车。列车在进入第一个停车站前，应提前试闸，如遇侧线停车，应提前降低列车运行速度，掌握好机外调速时机，并综合线路纵断面、牵引列车辆数、货物种类等相关因素，考虑全列车充风时间，避免进入侧线后，由于列车管未充满风，导致错过制动时机，引发行车事故。

二、起伏坡道上的操纵

（1）尽量减少制动调速。在坡度不大的起伏坡道区段运行时，司机充分利用坡道变化，适时提回手柄，调节列车运行速度。必须制动调速时，减压量要尽量小，缓解要及时。

（2）尽量采用"多闯少爬"的方法。充分利用线路有利纵断面，要根据坡道大小、列车长度、牵引重量、牵引货物种类、车辆种类、天气等情况，充分利用线路纵断面，在不超速的情况下，尽量提高列车运行速度，利用列车动能创坡，减少列车高手柄时间，使列车能够顺利通过坡顶。

起伏坡道区段，应注意牵引货物种类为重油罐车的列车。因为当列车处于下坡道，由于液态油在重力的作用下会使全列的加速度大于普通货物，使列车速度增加过快，如果列车有可能超速，必须使用自动制动机调速，切忌使用单独制动阀，利用机车制动力调节列车速度。因为全列重罐车会依次向前涌，如果单独使用机车制动，在重油罐车的作用下，列车会产生剧烈冲动，会瞬间使机车速度提高，导致超速。

（3）减少列车通过变坡点时引起的冲动，防止断钩。牵引列车通过起伏坡道变坡点时，由于线路纵断面的变化大，将引起列车运行速度的明显变化，导致车钩反复伸张或压缩，从而导致列车冲动。通过坡道需要调速时，尽量使用电阻制动，避免使用空气制动。由于空气制动列车缓解时逐量缓解，尤其列车前部处于下坡道、后部处于上坡道时，在缓解时，前部车辆受重力作用使列车向前，后部车辆由于缓解缓慢再加重力作用，使列车后部车辆受力向后，在两相反力作用下，容易使列车激烈冲动，导致车钩断裂，引起列车分离造成行车事故。

三、困难坡道上的列车操纵

在长大上坡道上，应采用"先闯后爬，闯爬结合"的操纵方法。进入坡道前应提早增大机车牵引力，储备动能，进入坡道后应进行预防性撒砂，防止空转，注意牵引电流不得超过持续电流，并遵守以下要求：

（1）在限制坡道前的车站停车时，须对砂路进行重点检查，撒砂不畅通必须立即处理。

对曲线、落叶、杂草或雨雪霜雾等关键区段，要提前做好预防性撒砂。当监控装置提示"空转"时，应在40 s内采取撒砂、回手柄等措施抑制空转，防止监控装置速度突升排风。

（2）列车运行中遇非正常的空转地段，司机应利用列车无线调度通信设备及时呼叫后续列车注意运行，并采取撒砂等措施，为后续列车防空转打好基础。

（3）和谐型机车在限制坡道上运行时，发现牵引力波动，可采用"线式"撒砂方式进行抑制，保证主手柄的位数与牵引的吨数相符合，必要时须最大限度地发挥机车牵引力，不得盲目退回手柄。HX D3B型机车在限制坡道上运行时，必须保证主手柄在最大牵引级位（13级）。

（4）坡道停车前，首先使用单阀增加机车制动力，为起车做好准备。接近坡停时，司机主动使用自阀停车，防止列车溜逸。再起车时，要适量撒砂，缓解单阀，提主手柄，再缓解自阀，并注意防止空转造成钢轨擦伤、转数过高从而导致拉断车钩、起车失败，发生列车溜逸。

（5）在限制区段起动发生严重空转时，司机应立即将空转地点报告车站值班员，通知后续列车注意运行。

（6）区间运行遇通过信号机黄灯时，司机要及时调整好运行速度，避免遇红灯时停在起车困难地点。在确定前方分区起车困难的情况下，允许列车在显示黄灯的通过信号机前适当地点停车，以利于起车，防止坡停。

（7）遇天气不良、机车牵引力不足等原因，货物列车进入困难区段可能发生列车坡停或严重运缓时，司机应提前通知两端站、列车调度员；列车在区间发生运缓（货物列车超图定 10 min、旅客列车超图定 5 min），司机应立即通知两端站、列车调度员。

四、坡道停车后的起车

列车在坡道停车后，要求司机有较好的操纵协调能力，坡度越大的上坡道停车，起动的困难越大。如果发现缓解加载后列车向后溜逸，要求司机立即就地停车，请求救援，请求救援后，严谨擅自移动列车。

（1）坡道停车时，应为起车创造条件。停车时，使用自阀停车，可先使用单独制动阀增加机车制动力，使全列车车钩处于压缩状态停车；停车后，适当撒砂，但撒砂量切记不要过多，撒砂量过多，会造成砂在钢轨上成堆，反而减小机车黏着力。

（2）起车时，手柄的使用要求。在列车起动阻力分散的情况下，使列车一辆一辆起动，同时，禁止将主手柄位置过高，导致打破黏着力而引发的空转。

（3）如果起动失败，应立即处理。使用自阀停车，必要时可使用向后压钩方式，压钩应在自阀手柄移至运转位后，立即使机车向后移动，压钩距离根据牵引列车长度适当向后压缩车钩，压钩后，单阀制动后方可改变换向手柄位置，避免引起逆电。不得已时，可报告列车调度员，列车调度员同意后，分部运行。分部运行办法按照技规相关规定执行。

五、旅客列车操纵

（1）起车时，全列起动后再加速。进站停车时，应采取保压停车，按机车停车位置标一次稳、准停妥。

（2）列车运行中施行常用制动时，应遵守以下规定：

① 机车呈牵引状态，柴油机转速控制在 550 r/min 左右或牵引电流控制在 1 000 A 左右；电力机车的牵引电流控制在 200 A 以下。停车制动，自阀减压时，列车产生制动作用并稳定降速（时间原则上应控制在 5 s 以上）后，再解除机车牵引力。

② 自阀减压时，单缓机车，使机车呈缓解状态。

（3）列车运行中应根据线路纵断面及限速要求，尽可能不中断机车牵引力。在起伏坡道区段或较小的下坡道运行时，应采用低手柄位或低转速的牵引，尽量避免惰力运行。

（4）使用 HXD3C 型机车担当旅客列车牵引时，须将供电钥匙打到闭合位，以减少机车冲动频次。

（5）担当军用列车时按旅客列车操纵的有关要求执行。

（6）确保旅客列车乘降安全。

① 遇旅客列车变更到发线或调整站台时，进站停车时要适当控制速度，以保证站台出现突发情况时能够随时停车。

② 列车在车站有旅客乘降的站台另一侧邻靠站台线路通过，车站提前预告司机有旅客乘降时，须加强瞭望与鸣笛，遇危及人身安全时，要立即采取停车措施。

列车在车站到开、通过时，遇邻线停有旅客列车，在停车的旅客列车首、尾处要加强鸣笛。

③ 旅客列车在起动、准备停车等低速运行阶段，遇非正常情况时，要根据速度、距离综

合判断，实施制动措施，防止低速情况下的冲动造成旅客伤害。

④ 旅客列车进站（包括区间乘降所）停车时，严格执行定点、定速、定减压量的"三定"操纵办法，防止停车位置不准造成旅客奔跑拥挤、乘降困难。

特殊车站靠标困难需两段制动时，要掌握好速度和缓解时机，防止低速排风、低速缓解造成停车。

⑤ 机车乘务员必须对列车长度、停车站股道有效长度、站台长度、停车位置做到心中有数。

在办理客运业务的车站，因机车故障、操纵不当或其他原因造成列车未全列停靠站台停车，机车乘务员要立即向车站值班员报告停车原因及机车状态，未得到车站值班员允许时不得起动列车，防止联系不彻底再次动车造成旅客伤害。起动前须对站台侧进行后部瞭望并按规定鸣笛。

⑥ 既有线调度集中区段，规定在车站停车的旅客列车，司机必须按列车运行图规定的停站操纵列车，遇出站信号机提前开放时，不得通过（列车调度员指示时除外）。

旅客列车在技术停车站（不办理客运业务和技术作业）临时变更通过时，列车调度员口头指示车站值班员，车站值班员预告司机。调度集中区段列车调度员负责接发列车时，由列车调度员预告司机。

子任务 4.2.3　特殊条件下的列车操纵

一、不良天气时的操纵

天气不良时，由于信号机现实距离缩短，同时，由于天气不良，列车运行条件恶化，导致列车操纵困难程度增加，因此要针对不同情况做好克服困难的各项准备工作，以确保列车安全正点运行。

1. 遇雨、雪、霜、雾等不良天气及其他因素造成轨面湿滑时按以下要求操纵列车

（1）当地面信号显示停车信号时，严禁使用电阻制动。

（2）对进站停车的货物列车，应降低进站速度，调速后不具备缓解条件时，应一停再开。

（3）运行中接近地面信号机处，司机须确认监控距离准确，存在误差时必须及时进行校正。

2. 汛期行车应急处理

列车通过防洪危险地段时，要加强瞭望，随时准备采取减速、停车措施。洪水漫到路肩时，应按有关规定限速运行；遇线路塌方、道床冲空、落石、倒树等障碍物危及行车安全时，须立即停车，并立刻通知追踪列车、邻线列车及邻近车站；排除障碍并确认安全后，方可继续运行。

遇暴风雨天气，列车运行在易倒树区段时，要根据线路条件、瞭望距离等适当降速运行；遇大暴雨看不清线路时，必须采取停车避雨措施。遇降速运行或采取停车避雨措施时应严格执行报告制度。

机车乘务员对防洪地段应做到重点水害位置清楚。列车运行中要认真瞭望，遇情况不明、瞭望困难、异常晃车时适当减速或停车检查，发现险情及时采取措施，并报告两端站车站值班员或列车调度员，按其指示办理。情况不明时，宁可错停，绝不盲行。大风、大雨天气，运行在易倒树区段要降速运行。

"一清楚"：重点水害地段的位置清楚。

"二认真"：认真执行调度命令，严守规定的运行速度；认真瞭望，按工务巡检人员显示的信号执行。

"六停车"：水漫钢轨、桥梁时；洪水严重冲刷路基、道床时；线路有障碍物或异常时；发现显示拦停信号或无线列调呼唤停车时；发现异常晃车时；大暴雨看不清线路时。

"一减速"：在暴风雨天气，瞭望困难时；

"两报告"：发现线路水害时，立即向车站报告；发现邻线水害，立即通告邻线列车及两端车站。

3. 接到"慢行警戒"和"封锁警戒"通知后的应急处理

机车乘务员接到"慢行警戒"通知后，必须加强瞭望，按慢行速度标准或工务人员通知确定的速度运行，及时将异常情况报告车站值班员。

机车乘务员接到"封锁警戒"通知后，按调度命令，以随时停车速度运行至前方站或退回后方站，情况不明时，应选择安全地段停车避险。

二、寒冷季节的列车操纵

在寒冷季节里，要加强列车防寒工作，在机车操纵时应注意以下几点：

（1）挂车、起动、调速时，由于冬季车钩较脆，所以要注意列车冲动，避免由于列车冲动过大导致断钩。

（2）冬季钢轨容易产生结霜，所以，起车、加速过程中应提前适当撒砂，制动停车时，应尽量避免使用紧急制动，防止由于制动力过大导致的列车滑行，引起动轮擦伤。

（3）运行中，要提前试闸，防止制动系统冻结，造成事故。

（4）缓解时，尽量使机车保持适当的制动力，防止由于后部车辆未缓解引起的机车冲动过大，导致断钩。

（5）使用制动机时，尽量采用电阻制动配合空气制动的方式。

（6）遇雾雪等天气受电弓或接触网被冰雪包裹，在站内停留如发现弓网产生打火放电现象时，站内起动列车，应控制牵引电流不得过大，避免受电弓与接触网间产生拉弧导致烧网。

三、空重混编列车的操纵

操纵空重混编列车时，要特别注意由于空重车辆制动力不同，惰力不同，从而对列车操纵带来的影响，防止车钩断裂。

1. 空车在前、重车在后

根据具体情况，起车时可少量压钩，主手柄位置逐渐提高，使车辆车钩缓缓伸张，在起伏坡道上，除需要停车外，应该尽量不间断机车牵引力，灵活掌握手柄位置。在变坡点慎重使用空气制动，因为空重车制动力不同，引起列车冲动过大，容易引起由于车钩断裂导致的列车分离。

2. 重车在前、空车在后

起动时，按照正常的起动方法即可，因为重车起动后，空车的起动阻力小，制动与缓解时，可适当利用单阀增加机车制动力，避免列车冲动。当缓解后，应确保列车全部缓解后，方可提手柄，防止由于列车未全部缓解，导致断钩。

四、多机牵引

（1）多机牵引时应遵守下列规定：

① 机车重联后，相邻机车之间连接状态的检查，由相邻机车乘务员实行双确认，共同负责。

② 机车操纵应由行进方向的前部机车负责。重联机车必须服从前部机车的指挥，并执行有关鸣笛及应答回示的规定。

③ 设有重联装置的机车，该装置作用必须良好，重联运行时应接通重联线。其他各有关装置及制动机手柄的位置按重联机车制动机手柄位置处理表（见表4-1）执行。

④ 电力机车重联运行中，前部机车应按规定鸣示降、升弓信号，后部机车必须按前部机车的指示，立即降下或升起受电弓。

⑤ 中部、尾部挂有补机的列车，其具体操纵及联系办法由铁路局规定。

表 4-1 重联机车制动机手柄位置处理表

位置 机型	操纵端				非操纵端			
	自阀	单阀	客货车转换阀	重联塞门	自阀	单阀	客货车转换阀	重联塞门
DK-1	重联	运转	货车		重联	运转	货车	
26-L	取出	运转	切断		取出	运转	切断	
CCBII	重联并锁闭	运转			重联并锁闭	运转		
法维莱	运转位（保压位）	缓解位	分配阀M/V（货/客）转换杆转至V（客车）位	司机制动阀隔离开关Z（IS）RM转换到"补机"位	运转位（保压位）	中立位	分配阀M/V（货/客）转换杆转至V（客车）位	司机制动阀隔离开关Z（IS）RM转换到"正常"位

注：CCBII型制动机重联时应在制动显示屏或机车显示屏的空气制动菜单中将制动机设置为补机位。

（2）组合列车前部、中部机车必须装有同步操纵装置并保持通信设备良好，其具体操纵及联系办法由铁路局规定。

（3）附挂（重联）机车连挂妥当后，附挂（重联）司机按规定操作制动机、弹停装置、电气设备等，操作完毕、具备附挂（重联）运行条件后，通知本务机车司机。

附挂（重联）机车需与本务机车或前位机车摘开时，必须恢复机车牵引条件后（闭合蓄电池开关、开启LKJ、升弓或启机、空压机工作、总风缸压力达到定压、机车处于制动状态），方可通知前位机车进行摘挂作业。

无动力回送机车按规定开放无火回送装置，操作有关阀门。

子任务 4.2.4　制动机的操纵

（1）使用制动机时，要尽量减少不必要的制动，制动时要尽量减少制动次数并保证降速平稳，非必要时绝不使用紧急制动。

（2）施行常用制动时，应考虑列车速度、线路坡道、牵引辆数和吨数、车辆种类以及闸瓦压力等条件，准确掌握制动时机、制动距离和减压量，保持列车均匀减速，停车时应做到一次停妥，防止列车冲动，并遵守以下规定：

① 初次减压量，不得少于 50 kPa。长大下坡道应适当增加初次减压量，在规定的试闸点试验列车制动力强弱。

② 追加减压一般不应超过两次；一次追加减压量，不得超过初次减压量。

③ 累计减压量，不应超过最大有效减压量。

④ 单阀缓解量，每次不得超过 30 kPa（CCBⅡ 制动机除外）。

⑤ 减压时，自阀排风未止不应追加、停车或缓解列车制动，不准回移自阀手柄，防止车列缓解。

⑥ 货物列车速度在 15 km/h 以下时，不应缓解列车制动。长大下坡道区段因受制动周期等因素限制，最低缓解速度不应低于 10 km/h。重载货物列车速度在 30 km/h 以下，不应缓解列车制动。特殊情况下，可采取走-停-走的方式。牵引百辆、万吨列车时，按相关规定执行。

⑦ 少量减压停车后，应追加减压至 100 kPa 及以上，单阀置于全制位。

⑧ 站停超过 20 min 时，开车前应进行列车制动机简略试验。

⑨ 牵引列车时，不得使用单阀制动调速及停车（特殊车站除外）。

（3）施行紧急制动时，应迅速将自阀手柄推向紧急制动位，并立即解除机车牵引力，电力机车不得断主断路器、降弓，动力制动应处在备用状态。列车未停稳，严禁移动自阀、单阀手柄（投入动力制动时，单阀除外）。无自动撒砂装置或自动撒砂装置失效时，停车前应适当撒砂。

（4）装有动力制动装置的机车在列车调速时，要采用动力制动为主、空气制动为辅、相互配合使用的方法，并应做到：

① 电力机车使用动力制动时，制动力的增、减要做到平稳。

② 动力制动与空气制动配合使用时，应将机车制动缸压力及时缓解为 0（设有自动控制装置的机车除外）。

③ 需要缓解时，应先缓解空气制动，再解除动力制动。

④ 多机牵引使用动力制动时，前部机车使用后，再通知后部机车依次使用；需要解除动力制动时，根据前部机车的通知，后部机车先解除，前部机车后解除。

（5）对紧急制动可以同步投入动力制动的机车：

① 非正常情况下，当列车失去空气制动力或制动力减弱时，司机在使用紧急制动后应使用动力制动，使其达到最大值。在确认动力制动发挥作用后，使用单阀缓解制动缸压力至 150 kPa 以下（设有自动控制装置的机车可不进行单阀缓解操作）。装有列尾装置的列车，司机应采取列尾装置主机排风制动措施使列车停车，停车前适当撒砂；有运转车长（车辆乘务

人员）值乘的列车，司机迅速通知运转车长（车辆乘务人员），使用车辆紧急制动阀停车。

② 使用动力制动调速过程中发生紧急制动或需紧急制动时，司机应保持机车动力制动，同时立即用单阀缓解机车制动缸压力至 150 kPa 以下（设有自动控制装置的机车可不进行单阀缓解操作）。

（6）遇降雪天气（含雪后影响），使用空气制动时要保持一定的机车制动力，停车后重点对机车闸瓦状态进行检查，摘解机车时要进行单阀静、动态试验；单机运行中，要间断使用单阀制动清除闸瓦积雪。

（7）学习司机使用紧急制动阀时机：

① 列车运行时，距显示停车的信号不足 400 m，列车速度在 30 km/h 以上时，学习司机在呼喊司机停车后，司机仍无反应时要立即使用紧急制动阀停车。

② 运行中，发现列车制动力减弱或制动失灵，在司机未采取任何停车措施时，学习司机要立即使用紧急制动阀，同时按压列尾装置司机控制盒排风键，使列车停车。

> **任务实施**

任务工单 4-2

任务名称：发车作业
任务类型：小组讨论
任务布置：
    1. 能掌握途中操纵一般要求
    2. 能掌握不同线路列车操纵办法
    3. 能掌握特殊条件下列车操纵办法
    4. 掌握制动机使用办法

问题引导： （1）列车中间站停留有哪些相关要求？   （2）空气制动与动力制动配合有哪些使用要求？   （3）简述汛期行车办法。   （4）简述坡道停车后起车办法。   （5）寒冷季节列车操纵有哪些注意事项？   （6）学习司机使用制动机有哪些相关规定？

任务 4.3　调车作业

调车工作是一次乘务作业过程的基本环节，也是列车编组的重要环节，安全正点的完成调车作业任务也是完成铁路运输生产的重要组成部分

> **任务布置**

1. 能掌握变更调车计划相关要求
2. 能掌握不同情况下调车作业速度要求
3. 能掌握特殊车辆调车作业要求
4. 掌握拔头后防止列车溜逸相关要求

> **相关知识**

一、调车机车站交接班

（1）对口交接，接班后、交班前，须对机车进行检查。司机重点检查机车走行部、基础制动装置、牵引装置、制动机性能；检查调整制动缸活塞行程或闸瓦与轮箍踏面的缓解间隙，确认砂路畅通。

学习司机重点检查机械间，检查后要向司机汇报，并在交接班记录簿记录。检查主要项目：柴油机、增压器、牵引发电机、辅助传动装置、空气压缩机、辅助发电机、牵引电动机的通风机等运转是否正常；油、水管路有无漏泄；水箱水位、各仪表显示是否正常。

（2）机车在站场停留时，机车乘务员必须坚守岗位，不得擅自离开机车，单阀全制位、换向手柄中立位、断开机控开关，严禁停止柴油机、空气压缩机工作。必须停止柴油机工作时，须拧紧手制动机，使用铁鞋防溜。机车在峰上停留时，不得停止柴油机工作，司机室内至少有一名乘务员看守。

机车停留较长时间后（1 h及以上时）应对机车进行检查。作业前，应对单阀进行缓解、制动试验。

二、灯显试验

（1）固定调车机车司机接班后须检查机控器与列车运行监控记录装置连接是否良好。

（2）设有固定调车机的车站，调车组接班后无作业时或首批作业前，由调车长到司机室组织联控人员、司机、调车人员进行平调设备通话、指令信号检测。班中遇更换调车机、机车乘务员、平调机控器（含电池）或调车长灯显电台时，调车长到司机室组织司机对平调设备指令信号、通话重新进行检测。遇更换其他灯显电台时，应只对更换的灯显电台指令信号和通话进行检测试验。

利用本务机车调车作业时，首批调车作业或作业中更换机车、平调机控器（含更换机控器电池）时，调车指挥人组织司机对平调设备指令信号、通话进行检测。

（3）检测流程。

① 调车长使用平调灯显电台在司机室呼叫:"×调(次)司机平调试验",司机听到后利用机控器送话器(无送话器的机控器按 PTT 键)应答:"×调(次)司机明白"。

② 调车长依次发出"停车""起动""停车""推进""减速""停车"指令信号,同时与司机共同确认机控器信号显示和语音正确。平调设备与"LKJ"配合使用时,调车长和司机还须确认机车"LKJ"接收到各信号指令后的速度值显示变化。

③ 全部试验结束,调车长、司机双方确认设备状态良好后,由调车长在《司机手册》内,司机在调车作业通知单上分别签字注明设备状态,"×点×分平调试验良好,调车长(司机)×××"。同时由调车长通知相关人员:"平调试验完毕,开始作业"。

(4)平调设备故障处理。

① 遇机控器发出"注意"语音提示后,要立即实施紧急停车;遇机控器发出"故障停车""停车",以及其他异常的信号显示或语音提示、自动关机等故障情况时,要立即采取停车措施。停车后,司机询问原因,待故障消除,方可继续正常调车作业。

② 遇监控装置退出调车控制模式时,要及时采取停车措施,同时通知调车指挥人共同确认处理。

③ 遇机控器、调车指挥人电台或推进领车人员电台故障时,应立即停车,改用手信号作业,并重新向司机传达调车作业计划。

遇监控装置连线接口故障不能恢复时,由调车指挥人将连接线拆下,可利用平调设备继续进行作业。

三、调车计划

(1)调车作业前,调车指挥人应亲自向司机交递和传达调车作业计划,并重点传达注意事项。司机向学习司机传达调车计划,明确作业重点、注意事项。

编组站、区段站及配有调车机车的中间站用甲种调车作业通知单,中间站用乙种调车作业通知单。

(2)一批作业(指一张调车作业通知单)不超过 3 钩或变更计划不超过 3 钩时,可用口头方式布置(中间站利用本务机车调车除外)。调车作业计划变更后,应在调车作业通知单作相应更改。变更股道时,必须停车传达。仅变更作业方法或辆数时,不受口头传达 3 钩的限制,但调车指挥人必须向有关人员传达清楚,有关人员必须复诵。

(3)变更调车作业计划。

① 在驼峰上解散车辆时,变更机车下峰或向禁溜线送车时,必须先通知司机,对调车、扳道有关人员按规定传达后,方可进行作业。

② 平面调车时,溜放变连挂、溜放变推送,均应先显示停车信号(指令),待司机回示后,再显示作业信号(指令),方可进行作业。

③ 在岔线、段管线、货物线调车作业变更计划时,可用口头或无线调车灯显设备传达,不受 3 钩限制,但每次不得超过 3 钩。

④ 本务机车在中间站调车作业需变更调车作业计划时,调车指挥人修改调车作业通知单交与司机。

⑤ 用无线调车灯显设备(电台)变更计划时,司机须正确复诵。

⑥ 侵入正线调车变更作业计划时，必须停轮传达，计划不清不准作业。

（4）调车作业中必须执行"唱一钩、干一钩、挑一钩"；驼峰调车作业时，分别在机车与待解车列连挂后、最后一辆车脱钩后在调车作业通知单第一钩及最后一钩进行挑钩。

调车作业通知单每钩作业由学习司机标记作业起、止时间。侵正调车作业时，动车后学习司机站立瞭望（HXN5 型机车长端在前时及 DF5、DF7 型机车除外），侵正调车作业结束后在调车作业通知单该钩计划后标记"侵正作业及起、止时间"。调车作业通知单退勤时交回并登记（发生侵正调车作业时须标注）。

四、确认指令

（1）调车作业起动前须全员确认调车信号显示，作业中不间断地进行瞭望，认真执行呼唤应答制度及联控制度，正确及时地执行信号显示（作业指令）的要求，并回示。没有信号（作业指令）不准动车，信号（作业指令）不清立即停车。

（2）调车移动时，确认距警冲标、调车信号距离，确认换向手柄位置正确。需试拉时，应注意确认信号机或警冲标位置，不得越过。不能确认是否压绝缘节时，须下车确认。

（3）单机返岔子或机车出入段时，可根据扳道员显示的道岔开通信号或调车信号机显示进行的信号动车。无扳道员和调车信号机时，调车指挥人确认道岔开通正确后，向司机显示起动信号。

（4）调车表示器故障，视为无效，按信号显示（作业指令）作业。发车线路表示器用在驼峰调车场，作为调车线路表示器时，不着灯不准越过。

五、调车联控

严格执行调车作业"钩钩联控"及"三方控"制度，不联控不动车。

（1）推进车辆调车作业时，司机在听取车站值班员（信号楼人员）、领车人员联控及调车指挥人复诵无误后，进行互控复诵。司机未听到相关人员通报、应答、复诵时，应主动询问。

（2）牵引车辆调车作业时（包括调车指挥人指挥单机作业时），司机听取车站值班员（信号楼人员）调车进路准备妥当的联控后，现场确认调车信号开放正确，进行复诵。司机未听到调车指挥人复诵，不得动车。

（3）集中区调车作业到达折返地点停车后，单机或推进车辆运行，司机向车站信号（驼峰）楼人员通报停车位置。

（4）取消调车进路时，必须先通知司机和调车有关人员，车站值班员在未得到司机已经停轮的准确回答时，不准先行取消调车进路。

（5）遇车列、曲线、障碍物遮挡等特殊情况，不能确认调车信号显示时，可在车站值班员调车联控后应答，前移后停车确认调车信号。

六、严守速度

调车作业要准确掌握速度及安全距离，并遵守下列规定：

（1）在空线上牵引运行时，不准超过 40 km/h；推进运行时，不准超过 30 km/h。

（2）调动乘坐旅客或装载爆炸品、压缩气体、液化气体、超限货物的车辆时，不准超过 15 km/h。

（3）接近被连挂的车辆时，不准超过 5 km/h。

（4）推上驼峰解散车辆时的速度和装有加、减速顶的线路上的调车速度，按《站细》规定执行。

（5）在尽头线上调车时，距线路终端应有 10 m 的安全距离；遇特殊情况，必须近于 10 m 时，应一度停车，调车速度不得超过 3 km/h。单机进入机待线时，在折回信号处一度停车，学习司机站立瞭望（HXN5 型机车长端在前时及 DF5、DF7 型机车除外），再动车时以不超过 5 km/h 速度进入。

（6）电力机车转线、调车时，机车距接触网终端或停电的接触网应有 10 m 的安全距离，必须接近 10 m 时，应一度停车，以不超过 3 km/h 的速度移动，防止进入无网（电）区，并执行"后弓进原弓出"的规定。

（7）机械冷藏车必须通过设有车辆减速器（顶）的驼峰时，以不得超过 7 km/h 的速度推送过峰。

（8）遇天气不良、瞭望困难等非正常情况，应适当降低速度。遇天气恶劣信号显示距离不足 50 m 时：

① 调车速度不得超过 15 km/h。

② 平面调车禁止溜放作业，集中区平面调车，进路必须一次排出。

③ 调车指挥人通知有关人员执行恶劣天气调车作业的规定和恢复正常调车作业。

（9）严禁切除防撞土挡功能按钮，特殊情况必须切除装置作用时，运行速度不得超过 3 km/h，司机将情况记录于司机手册，退勤时汇报。

（10）机车车辆通过专用线临时派人看守的道口前须一度停车，司机或调车指挥人应与道口防护人员联系，确认道口防护人员已到位、没有安全威胁后，再启动通过道口。调车作业经过道口或平过道前应鸣笛，通过无人看守道口时，速度不得超过 15 km/h，推进运行由调车人员向司机显示减速信号，发现危及安全情况时，及时鸣示或采取措施。

（11）对装用密接式车钩的车辆进行调车作业时，可不连结软管，一次连挂不得超过 4 辆，连挂速度不得超过 3 km/h。

（12）通过轨道衡时，按规定速度平稳操纵，匀速通过检测区域。

七、要道还道

（1）设有扳道员的区域，单机或牵引车辆运行时，由司机要道；推进车辆运行时，由调车组要道；出要出路，进要进路。扳道员还道时，在确认进路道岔开通正确后，先显示股道号码，再显示道岔开通信号。

（2）进路上有两名及其以上的扳道员作业时，相互间应由远向近逐次要道还道后，由来车方向就近的扳道员向调车组或司机还道。

（3）设有股道表示器等设备能确认开通股道的车站，要道还道时，可显示开通信号，不显示股道号码。

（4）调车组扳动的道岔可不执行要道还道制度。加锁或钉固的道岔、设有股道表示器的道岔位置正确时，不停车通过（非固定调车机、本务机车单机或牵引调车运行时，车站需提前通知司机加锁或钉固道岔的编号及位置)。单机或牵引运行需要扳动以及经过其他无联锁的道岔时，在接近道岔前，调车指挥人确认道岔开通正确后，向司机显示"好了"信号或发出"好了"语音，司机不停车通过。需停车检查或扳动道岔时，调车指挥人应显示停车信号。具体办法按《站细》规定执行。

八、牵出作业

（1）在调车作业中，单机运行或牵引车辆运行时，前方进路的确认由机车司机负责；推进车辆运行时，前方进路的确认由调车指挥人负责。

（2）没有看到调车指挥人的起动信号，不准动车，但单机返岔子或机车出入段时，可根据扳道员显示的道岔开通信号或调车信号机显示进行的信号动车。无扳道员和调车信号机时，调车指挥人确认道岔开通正确后，向司机显示起动信号。

（3）中间站调车作业禁止排短路。编组站、区段站确需排短路，具体办法及安全措施按《站细》执行。

（4）单机或牵引车辆由非集中区进入集中区或由专用线返回站内时，应在分界点信号机处一度停车（停车后起动困难时除外）。

（5）单机或牵引运行，在距前方关闭的调车信号不足 50 m 时，速度 10 km/h 以上或遇信号突变、道岔位置不正确、行人抢越、设备侵限等情况下，学习司机在呼喊司机停车后，司机仍无反应时要立即使用紧急制动阀停车。推进运行时，显示"十、五、三车"信号，司机无反应时要立即使用紧急制动阀停车。

（6）遇单机或牵引车辆运行距离超过 1 km 的作业地点、不宜调车人员站立的单机或牵引不宜调车人员站立的车辆时，准许调车人员进入司机室，并遵守以下要求：

① 进入司机室的调车人员，不准闲谈打闹、不准影响乘务员工作、不准动用机车内的工具和设备、不准在非操纵端和机械间内逗留。

② 除准许调车人员进入司机室的情况外，调车指挥人禁止在司机室指挥调车作业。

九、推进、摘挂车辆

（1）推进车辆前要试拉（包括连续连挂车组间距超过 10 车），不得以顿钩的办法代替试拉。

（2）调车作业按规定全部连结车辆软管推进运行前，应安装简易紧急制动阀并进行试验（无线调车灯显设备与列车运行监控记录装置配合使用时除外）。

（3）设有驼峰信号的车站，机车推送车辆下峰时，不准使用驼峰溜放信号，应使用机车下峰信号指示机车作业。

（4）向尽头线推进运行时，须根据线路有效长度、容车辆数合理掌握运行速度。进入专用线作业前，学习司机须提示专用线内限制速度、线路有效长度、容车辆数等注意事项。

（5）当调车指挥人显示溜放信号时，司机应"强迫加速"满足作业要求；显示减速或停车信号时，应迅速解除机车牵引力，立即制动。

十、连结软管

（1）调车作业中，按规定连结车辆制动软管时，须进行自动制动机简略试验。简略试验的作业程序：

① 调车人员到达调车车列中连结软管车辆的最后一辆，通知司机简略试验。部分连结软管时，需通知司机连结软管车辆的辆数。

② 司机缓解列车并确认达到规定的压力后，使用自阀减压 100 kPa 并保压 1 min，测定列车管贯通状态。

③ 调车人员检查确认最后一辆车制动活塞伸出后，通知司机尾部车辆已制动。司机检查列车管压力下降每分钟不超过 20 kPa 后，缓解列车。

④ 调车人员确认伸出的制动活塞收回后，通知司机尾部车辆已缓解。

⑤ 调车人员向调车指挥人报告："×号，尾部通风状态良好"，调车指挥人复诵后方可进行作业。

试风人员使用电台联系简略试验时，司机可不鸣笛应答。遇电台故障试风人员无法与司机联系时，面对面联系。

（2）调车作业简略试验的特殊情况处理。

① 简略试验时发现调车车列不能按规定保压，要查明原因，重新试验。

② 部分连结软管情况下，连结软管的最后一辆车自动制动机不起作用时，顺延连结下一辆制动作用良好的车辆。

③ 调车作业中已进行简略试验的，下一钩摘车后，不需简略试验。

④ 调车作业中已进行简略试验的，下一钩挂车后，虽然原连结软管的辆数，符合连挂后的规定数量，但只要连结所挂车辆软管并通风，就须简略试验。

⑤ 同一线路连续连挂作业，可在连挂完毕后统一简略试验。

⑥ 列车摘挂完了或车列编成后的试拉，不需简略试验，在发车前试验。

（3）下列情况应接通全部软管：

① 调动旅客列车、军用人员列车及车辆、客车体（含客车车辆 5 辆及以上）、公务车、首长专用车时。

② 中间站在超过 6‰ 坡度的线路上调车作业时（驼峰调车除外）。

③ 本务机车在中间站去专用线取送车作业时（倒调作业除外）。

④ 推进越出站界（包括跟踪）调车时。

（4）转场或在超过 2.5‰ 坡度的线路上（驼峰作业除外）调车时，10 辆及以下是否需要连结软管及连结软管的数量，11 辆及以上必须连结软管的数量，按《站细》规定执行。

十一、跟踪出站调车

（1）只准许在单线区间及双线正方向线路上办理，司机确认跟踪调车通知书，跟踪出站调车最远不得越出站界 500 m。

（2）以下情况禁止跟踪出站调车：

① 出站方向区间内有瞭望不良的地形或有连续长大上坡道；

② 先发列车需由区间返回，或挂有由区间返回的后部补机；

③ 一切电话中断；

④ 降雾、暴风雨雪时；

⑤ 既有线调度集中区段的车站。

十二、越出站界调车

（1）双线区间正方向和单线自动闭塞区间越出站界调车时，需经车站值班员口头准许并通知司机后，方可出站调车。

（2）单线半自动闭塞区间和双线反方向出站调车时，须有停止基本闭塞法的调度命令，并发给司机出站调车通知书。司机确认通知书起止时间、区间、日期等，超出起止时间时，不得动车。

（3）机车推进越出站界调车时，出站调车通知书由调车指挥人交司机，用后及时收回。

（4）单线自动闭塞区段，以及双线自动闭塞区段反方向越出站界调车时，须开放出站信号机锁闭进路及发车方向。

（5）京哈线调度集中区段越出站界调车规定正方向越出站界调车时，车站值班员通知司机，凭出站、进站信号机显示的进行信号或引导信号进出站。

（6）侵入正线调车作业，越出站界或跟踪出站调车时，调车车列尾部不得越过本站站界。

十三、调车作业"十二不动、八必停、二不挂、二不超、二明确、二立即"

1. 十二不动

（1）没有调车作业计划（规定可以口头方式布置的除外）或使用乙种调车作业通知单的车站未提供线路示意图时，不准动车。

（2）乘务组人员对调车作业计划中的作业方法、注意事项、停留车股道不清时，不准动车。

（3）首批调车作业前（包括更换机车或机车乘务员、更换无线调车灯显设备或机控器电池），未对无线调车灯显设备进行信号、通话检测，未经双方确认、签字或使用调车联系电台作业前未进行通话试验，不准动车。

（4）没有手信号显示（灯显指令）或手信号显示不清（灯显指令不明），不准动车。

（5）使用无线调车灯显设备调车作业，遇前后带车，根据调车作业计划不能明确推进方向而调车指挥人未通知时，不准动车。

（6）调车指挥人应显示起动信号（灯显指令）而未显示时，不准动车。

（7）单机或牵引运行须经过无调车信号机防护的道岔，起动前无调车信号机显示以及调车信号机故障，调车人员未领车时，不准动车。

（8）单机或牵引运行时，必须机班全员确认调车信号或股道号码、道岔开通信号（无扳道员时除外）及道岔开通位置；推进运行时必须不间断地确认调车指挥人手信号显示（灯显指令），未经确认，不准动车。

（9）集中区调车作业未按规定进行调车作业联控或用语不清、意义不明时，不准动车。

（10）调车作业中，未按规定连结软管时，不准动车。

（11）调车作业连结软管，未进行制动机简略试验时，不准动车。

（12）使用无线调车灯显设备调车作业时，发现两台机车共用一个频点或互相串台时，不准动车。

2. 八必停

（1）调车作业中变更股道（驼峰解散车辆除外）或侵入正线调车变更计划时，必须停车。

（2）调车作业中，信号显示不清或看不见信号（包括灯显灭灯，其中起动信号"绿色灯光闪数次后熄灭"除外）时，必须停车。

（3）单机挂车，距脱轨器、防护信号、连挂车辆10 m前，必须停车。

（4）调车作业中，线路两旁堆放的货物距钢轨外侧不足1.5 m或站台上堆放的货物距站台边缘不足1 m时，必须停车。

（5）推进运行或连挂车辆时，调车指挥人显示信号不明时，必须停车。

（6）单机或牵引运行时，调车信号未开放或扳道员未显示股道号码、道岔开通信号时，距调车信号或警冲标50 m前，必须停车。

（7）调车作业中，司机无法确认调车指挥人位置和其显示的信号时（使用灯显设备时除外），必须停车。

（8）调车作业中，遇"停车"指令、机控器发出"故障停车""停车"语音报警或机控器信号不清、错误显示、无信号显示、灯显设备发生故障时，必须停车。

3. 二不挂

（1）连挂车辆或尽头线取送车辆时（单机除外），调车指挥人员未显示十、五、三车距离信号，不准挂车。

（2）调车指挥人未显示连结信号（灯显指令）时，不准挂车。

4. 二不超

（1）调车作业中，显示"十车"信号时，机车走行50 m后，速度不得超过15 km/h；显示"五车"信号时，机车走行20 m后，速度不得超过10 km/h；显示"三车"信号时，机车走行20 m后，速度不得超过6 km/h。

（2）调车作业通过无人看守道口时，速度不得超过15 km/h。

5. 二明确

（1）必须明确车机联控不是调车作业时动车的凭证、电台联系不能代替信号（灯显指令）、通话不能代替指挥运行的信号。

（2）必须明确灯显设备发生故障时，改用手信号作业。调车作业中严禁灯显设备与手信号灯（旗）混用。

6. 二立即

（1）调车作业中发现异常、机控器显示"紧急停车"信号或非正常情况下的呼喊停车时，必须立即采取停车措施。

（2）调车作业中遇呼喊"十车""五车""三车"距离信号时，必须根据运行速度，立即采取减速或停车措施。

十四、中间站利用本务机车调车作业

（1）中间站利用本务机车调车时，机班对附有示意图的调车作业通知单的内容和注意事项必须掌握清楚。在中间站不得利用单司机单班值乘列车的机车进行调车作业，遇特殊情况，必须利用该本务机车对本列进行调车作业时，在推进运行时，须保证司机能够随时确认调车

人员的信号显示。

单端司机室的机车在单班单司机值乘时须正向运行。自始发站开车后，途中站不得利用单端司机室的机车（单班单司机值乘时）进行调车作业（不产生单机逆向走行时除外）。

（2）中间站在下列情况可不编制书面调车作业计划：

① 列车在到达线路内拉道口或整列移动让出道口；

② 列车在到达线路内对货位；

③ 列车在到达线路内直接后部摘车；

④ 本务机车（包括重联机车、补机）摘开机车、转线、在始发站列车机车与第一辆车连挂。

（3）列车在到达线路内直接尾部摘车、对货位须越过出站（发车进路）信号机时，按调车作业办理，司机须确认调车信号开放。

（4）货物列车停在候车室与停站旅客列车之间，需将货物列车摘开或指挥列车在本线路内移动让出道口时，按调车作业办理，车辆摘挂和软管摘结由车站负责。

（5）本务机车（包括重联机车、补机）在中间站转线、挂头，车站口头通知司机经路。机车重联原则上不得调动车辆，确需作业时，由第一台机车担当调车机车，其他机车按机车附挂车辆办理，牵引车辆时，担当调车机车的前部不得附挂重联机车。

（6）单机挂车。

单机挂车的辆数，线路坡度不超过12‰的区段，以10辆为限；超过12‰的区段，经过坡度超过12‰的区间时，其所挂车辆不得超过8辆，重量不得超过该区段牵引定数的1/2；经过坡度超过20‰的区间时，其所挂车辆不得超过3辆。多台机车重联时，按1台机车附挂车辆办理。

① 所挂车辆的自动制动机作用必须良好，发车前列检（无列检时由车站发车人员）按规定进行制动试验；

② 连挂前由车站将编组顺序表和货运单据交与司机；

③ 在区间被迫停车后的防护工作由机车乘务组负责，开车前应确认附挂辆数和通风状态是否良好；

④ 单机挂车时，可不挂列尾装置。

（7）不得利用旅客列车的本务机车，对乘坐旅客的车辆进行压钩、拉空等调车作业。

十五、特殊车辆调车作业

（1）调动装载军用危险货物的车辆，速度不得超过15 km/h，接近被连挂的车辆，速度不得超过2 km/h，严禁溜放调车。

（2）编挂标有W的车辆时，机车与编挂的车辆应连结软管，连结软管辆数的比例不少于1：5（即5辆车内至少有1辆连结软管）。

（3）在接近连挂标有W的车辆以及带有W的车辆连挂其他车辆时，应在不少于10车处一度停车后，再按照"十、五、三车制"进行连挂作业。

（4）其他车辆向停有W车辆的线路溜放时，必须留有10 m以上"天窗"，严禁溜放连挂。

（5）调动特殊车辆的规定：

① 一件货物须用3车装运，中间为游车，侧向通过9号及其以下道岔时，原则上应牵引

运行。牵引运行确有困难时，推进运行速度不得超过 5 km/h。

② 不得带检查车、试验车、公务车倒调其他车辆。摘挂时，要防止冲撞。

十六、使用平面无线调车灯显设备在驼峰作业

（1）使用推峰进路解散车辆。

① 驼峰调车组使用平面无线调车灯显设备，利用推峰进路解散车辆时，除"起动""停车""紧急停车"信号指令外，其他平面无线调车灯显设备信号指令不准使用。

② 去驼峰解体作业动车前，调车长通知司机"×调推峰"，司机应答"×调推峰，司机明白"，确认"起动"信号指令动车推峰，并按驼峰信号机的显示和现场作业要求进行作业。

（2）使用非推峰进路开放驼峰主体信号解散车辆。

① 遇自峰下或其他线路牵引车列至驼峰主体信号后，使用非推峰进路开放驼峰主体信号解散车辆时，调车长通知司机"×调领车推峰"，司机应答"×调领车推峰，司机明白"，司机确认"起动"信号指令，及调车长在机车处显示手信号（昼间单臂平伸、夜间白色灯光），直至机车越过进路内最后一架关闭的信号机后收回。

遇无法确认驼峰主体信号显示时，由提钩连结员利用平面无线调车灯显设备及时向司机通报驼峰主体信号显示状态，司机复诵。

② 推峰过程中需回牵时，由调车长发出"停车"信号指令，待回牵调车进路形成后，驼峰调车长方准开放驼峰主体信号（红色闪光），调车长方可发出"起动"信号指令，司机按回牵方向调车信号显示、驼峰主体信号显示的后退信号和调车长发出的"起动"信号指令动车。

十七、监控系统（STP）运用

（1）遇调车计划变更时，调车区长需使用无线电台通知机车乘务员及调车长，并重新传递至 STP 车载设备。

（2）调车作业开始前，调车区长、机车乘务员应共同检查确认 STP 显示的机车位置信息。调车作业过程中，调车区长发现 STP 显示的机车位置与实际不一致时，应及时通知机车乘务员停车对机车位置进行人工校正；机车乘务员发现系统显示的机车位置与实际不一致时，应及时停车对机车位置进行人工校正，并通知调车区长。

人工校正机车位置由机车乘务员在车载设备显示器（LKJ）上进行操作，机车乘务员和调车区长共同确认并在机车乘务员手账上记录，相关信息及时向电务人员反馈。

（3）调车作业时，调车长、机车乘务员应严格按书面调车作业通知单进行作业。

（4）以下情况 STP 设备不具备安全防护功能，不能按 STP 控车方式组织调车作业，机车乘务员和调车组人员必须加强安全联控，确保调车作业安全。

① 调车机车在非集中区进行作业。

② 调车机车推进车列从非集中区进入集中区，机车未越过地面应答器及其进路上相邻的第一架信号机。

调车机车牵引车列从非集中区进入集中区，地面应答器距离其进路上相邻第一架信号机较近，制动距离不足时。

③ 车载显示器显示前方防护距离为未知时（距离窗口显示"---"）。

④ 调车机车在无轨道电路的尽头线作业。
⑤ 调车机车在分组存车股道连续连挂作业。
⑥ 无平面调车灯显装置控制的推进作业。
⑦ 对一度停车点解锁后的调车作业。
⑧ 场内存在溜放作业时。
⑨ 场间联络线较短的转场调车作业。
⑩ 显示器显示 STP 设备处于非集中区状态；STP 显示机车所处位置、显示距离与实际不相符合；显示、语音提示信号实际不符；显示辆数、限制速度与实际不符；存在无线场强盲区域或轨道电路分路不良区段的调车作业进路。

（5）调车作业过程中：

① 当进路已经锁闭，但前方信号机故障不能开放允许信号时，机车乘务员得到车站值班员同意的口头通知，必须停车后按规定进行"解锁"操作，解除 STP 设备对本架信号机的防冒防护，并由司机、调车长双方在调车作业通知单上共同签字确认。

② STP 车载设备无法复示前方地面信号或复示错误，造成防冒模式控制曲线关闭，机车乘务员应及时停车，联系车站值班员，经双方共同确认地面信号为允许信号时，方可按照相关规定进行"解锁"操作，解除 STP 设备对本架信号机的防冒防护，并记录。

③ 需要出站调车或者跟踪出站调车作业时，机车乘务员在取得车站值班员同意的口头或书面通知（凭证）后，方可停车后按照相关规定进行"解锁"操作，解除 STP 设备对站界的防冒防护。

④ 车列需越过"特定防护点"时（一度停车地点前、集中区进入非集中区分界地点前、进入尽头线安全防护距离接近土挡），机车乘务员在取得车站值班员允许后，方可停车后按照相关规定进行"解锁"操作，解除 STP 设备对"特定防护点"防冒防护。

（6）遇 STP 系统设备运用中发生故障（LKJ 正常）时，机车乘务员应立即通知车站值班员（调车区长）和调车长。故障处理完毕，值班员（调车区长）通知机车乘务员及调车长恢复使用。

十八、拔头防溜

所有连接制动主管后需摘开机车时，司机确认自动制动机达到最大减压量、制动主管排风时间正常后，使用列车无线调度通信设备与摘解人员联控，司机："××（次列车）已达到最大减压量××kPa，可以摘管"；待摘解人员显示起动信号后，司机单缓机车制动，前移 2m 后停车（在设有固定脱轨器的线路上拔头，条件允许时，司机应直接将机车移至固定脱轨器外方后再停车），停车后将自阀移回运转位。需压缩车钩时司机也应单缓动车。

> **任务实施**

任务工单 4-3

任务名称：发车作业
任务类型：小组讨论
任务布置：
1. 能掌握变更调车计划相关要求
2. 能掌握不同情况下调车作业速度要求
3. 能掌握特殊车辆调车作业要求
4. 掌握拔头后防止列车溜逸相关要求
问题引导：
（1）调车计划变更有哪些相关要求？
（2）调车作业速度有何要求？
（3）特殊车辆调车作业要求有哪些？
（4）拔头防溜相关要求有哪些？

任务 4.4　事故与救援

铁路行车事故及救援工作的展开是铁路发生事故后的应急处理办法，应急处理的速度直接决定线路开通时间。掌握事故等级划分，可以使乘务人员在发生事故后，不至于导致事故扩大化以及发生次生事故，尽最大可能地减小列车造成的损失。

➤ 任务布置
1. 能掌握事故分类原则
2. 能掌握事故报告内容
3. 能掌握事故调查小组责任
4. 掌握事故责任判定及损失认定办法

➤ 相关知识

子任务 4.4.1　铁路行车事故等级划分

根据事故造成的人员伤亡、直接经济损失、列车脱轨辆数、中断铁路行车时间等情形，事故等级分为特别重大事故、重大事故、较大事故和一般事故。

一、特别重大事故

有下列情形之一的，为特别重大事故，如图 4-12、4-13 所示。
（1）造成 30 人以上死亡；
（2）造成 100 人以上重伤（包括急性工业中毒，下同）；

图 4-13 特别重大事故 2

（3）造成 1 亿元以上直接经济损失；
（4）繁忙干线客运列车脱轨 18 辆以上并中断铁路行车 48 h 以上；
（5）繁忙干线货运列车脱轨 60 辆以上并中断铁路行车 48 h 以上。

二、重大事故

有下列情形之一的，为重大事故，如图 4-14 所示。

图 4-14 重大事故

（1）造成 10 人以上 30 人以下死亡；
（2）造成 50 人以上 100 人以下重伤；
（3）造成 5000 万元以上 1 亿元以下直接经济损失；
（4）客运列车脱轨 18 辆以上；
（5）货运列车脱轨 60 辆以上；
（6）客运列车脱轨 2 辆以上 18 辆以下，并中断繁忙干线铁路行车 24 h 以上或者中断其他线路铁路行车 48 h 以上；

（7）货运列车脱轨 6 辆以上 60 辆以下，并中断繁忙干线铁路行车 24 h 以上或者中断其他线路铁路行车 48 h 以上。

三、较大事故

有下列情形之一的，为较大事故，如图 4-15 所示。

（1）造成 3 人以上 10 人以下死亡；

（2）造成 10 人以上 50 人以下重伤；

（3）造成 1000 万元以上 5000 万元以下直接经济损失；

（4）客运列车脱轨 2 辆以上 18 辆以下；

（5）货运列车脱轨 6 辆以上 60 辆以下；

（6）中断繁忙干线铁路行车 6 h 以上；

（7）中断其他线路铁路行车 10 h 以上。

图 4-15　较大事故

四、一般事故

一般事故分为：一般 A 类事故、一般 B 类事故、一般 C 类事故、一般 D 类事故。

（1）有下列情形之一，未构成较大以上事故的，为一般 A 类事故：

A1. 造成 2 人死亡；

A2. 造成 5 人以上 10 人以下重伤；

A3. 造成 500 万元以上 1 000 万元以下直接经济损失；

A4. 列车及调车作业中发生冲突、脱轨、火灾、爆炸、相撞，造成下列后果之一的；

A4.1 繁忙干线双线之一线或单线行车中断 3 h 以上 6 h 以下，双线行车中断 2 h 以上 6 h 以下；

A4.2 其他线路双线之一线或单线行车中断 6 h 以上 10 h 以下，双线行车中断 3 h 以上 10 h 以下；

A4.3 客运列车耽误本列 4 h 以上；

A4.4 客运列车脱轨 1 辆；

A4.5 客运列车中途摘车 2 辆以上；

A4.6 客车报废 1 辆或大破 2 辆以上；

A4.7 机车大破 1 台以上；

A4.8 动车组中破 1 辆以上；

A4.9 货运列车脱轨 4 辆以上 6 辆以下；

（2）有下列情形之一，未构成一般 A 类以上事故的，为一般 B 类事故：

B1. 造成 1 人死亡；

B2. 造成 5 人以下重伤；

B3. 造成 100 万元以上 500 万元以下直接经济损失；

B4. 列车及调车作业中发生冲突、脱轨、火灾、爆炸、相撞，造成下列后果之一的；

B4.1 繁忙干线行车中断 1 h 以上；

B4.2 其他线路行车中断 2 h 以上；

B4.3 客运列车耽误本列 1 h 以上；

B4.4 客运列车中途摘车 1 辆；

B4.5 客车大破 1 辆；

B4.6 机车中破 1 台；

B4.7 货运列车脱轨 2 辆以上 4 辆以下。

（3）有下列情形之一，未构成一般 B 类以上事故的，为一般 C 类事故：

C1. 列车冲突；

C2. 货运列车脱轨；

C3. 列车火灾；

C4. 列车爆炸；

C5. 列车相撞；

C6. 向占用区间发出列车；

C7. 向占用线接入列车；

C8. 未准备好进路接、发列车；

C9. 未办或错办闭塞发出列车；

C10. 列车冒进信号或越过警冲标；

C11. 机车车辆溜入区间或站内；

C12. 列车中机车车辆断轴，车轮崩裂，制动梁、下拉杆、交叉杆等部件脱落；

C13. 列车运行中碰撞轻型车辆、小车、施工机械、机具、防护栅栏等设备设施或路料、坍体、落石；

C14. 接触网接触线断线、倒杆或塌网；

C15. 关闭折角塞门发出列车或运行中关闭折角塞门；

C16. 列车运行中刮坏行车设备设施；

C17. 列车运行中设备设施、装载货物（包括行包、邮件）、装载加固材料（或装置）超限（含按超限货物办理超过电报批准尺寸的）或坠落；

C18. 装载超限货物的车辆按装载普通货物的车辆编入列车；
C19. 电力机车、动车组带电进入停电区；
C20. 错误向停电区段的接触网供电；
C21. 电气化区段攀爬车顶耽误列车；
C22. 客运列车分离；
C23. 发生冲突、脱轨的机车车辆未按规定检查鉴定编入列车；
C24. 无调度命令施工，超范围施工，超范围维修作业；
C25. 漏发、错发、漏传、错传调度命令导致列车超速运行；

（4）有下列情形之一，未构成一般C类以上事故的，为一般D类事故：

D1. 调车冲突；
D2. 调车脱轨；
D3. 挤道岔；
D4. 调车相撞；
D5. 错办或未及时办理信号致使列车停车；
D6. 错办行车凭证发车或耽误列车；
D7. 调车作业碰轧脱轨器、防护信号，或未撤防护信号动车；
D8. 货运列车分离；
D9. 施工、检修、清扫设备耽误列车；
D10. 作业人员违反劳动纪律、作业纪律耽误列车；
D11. 滥用紧急制动阀耽误列车；
D12. 擅自发车、开车、停车、错办通过或在区间乘降所错误通过；
D13. 列车拉铁鞋开车；
D14. 漏发、错发、漏传、错传调度命令耽误列车；
D15. 错误操纵、使用行车设备耽误列车；
D16. 使用轻型车辆、小车及施工机械耽误列车；
D17. 应安装列尾装置而未安装发出列车；
D18. 行包、邮件装卸作业耽误列车；
D19. 电力机车、动车组错误进入无接触网线路；
D20. 列车上工作人员往外抛掷物体造成人员伤害或设备损坏；
D21. 行车设备故障耽误本列客运列车1 h以上，或耽误本列货运列车2 h以上；固定设备故障延时影响正常行车2 h以上（仅指正线）；

铁路总公司可对影响行车安全的其他情形，列入一般事故。

因事故死亡、重伤人数7日内发生变化而导致事故等级变化的，相应改变事故等级。

子任务 4.4.2　事故报告及事故调查

一、事故报告

事故发生后，事故现场的铁路运输企业工作人员或者其他人员应当立即向邻近铁路车站、列车调度员、公安机关或者相关单位负责人报告。有关单位和人员接到报告后，应立即将事故情况向企业负责人和事故发生地安全监管办安全监察值班人员报告，安全监管办安全监察值班人员按规定向安全监管办负责人报告。

（1）铁路运输企业列车调度员要认真填写《铁路交通事故（设备故障）概况表》（安监报1），分别向事故发生地安全监管办安全监察值班人员、铁路总公司列车调度员报告。

事故发生地安全监管办安全监察值班人员接到"安监报1"或现场事故报告后，要立即填写《铁路交通事故基本情况表》（安监报3），并向铁路总公司安全监察司值班人员报告。报告后要进一步了解事故情况，及时补报"安监报3"。

（2）涉及其他安全监管办辖区的事故，发生地安全监管办安全监察值班人员应及时将"安监报3"传送至相关安全监管办的安全监察部门。

（3）铁路总公司列车调度员接到事故报告后，应及时收取或填写"安监报1"，并立即向值班处长和安全监察司值班人员报告；值班处长、安全监察司值班人员按规定分别向本部门负责人、铁路总公司办公厅部长办公室报告，由部门负责人向部领导报告。事故涉及其他部门时，由办公厅部长办公室通知相关部门负责人。

（4）发生特别重大事故、重大事故，由铁路总公司办公厅负责向国务院办公厅报告，并通报国家安全生产监督管理总局等有关部门。

发生特别重大事故、重大事故、较大事故或者有人员伤亡的一般事故，安全监管办应向事故发生地县级以上地方人民政府及其安全生产监督管理部门通报。

（5）事故报告的主要内容：

① 事故发生的时间、地点、区间（线名、公里、米）、线路条件、事故相关单位和人员。
② 发生事故的列车种类、车次、机车型号、部位、牵引辆数、吨数、计长及运行速度。
③ 旅客人数，伤亡人数、性别、年龄以及救助情况，是否涉及境外人员伤亡。
④ 货物品名、装载情况，易燃、易爆等危险货物情况。
⑤ 机车车辆脱轨辆数、线路设备损坏程度等情况。
⑥ 对铁路行车的影响情况。
⑦ 事故原因的初步判断，事故发生后采取的措施及事故控制情况。
⑧ 应当立即报告的其他情况。

事故报告后，人员伤亡、脱轨辆数、设备损坏等情况发生变化时，应及时补报。

事故现场通话按"117"立接至应急通话级别办理。

铁路总公司、安全监管办、铁路运输企业应向社会公布事故报告值班电话，受理事故报告和举报。

二、事故调查

（1）特别重大事故按《条例》规定由国务院或国务院授权的部门组织事故调查组进行调查。重大事故由铁路总公司组织事故调查组进行调查。调查组组长由铁路总公司负责人或指定人员担任，安全监察司、运输局、公安局等部门和铁路总公司派出机构、相关安全监管办等部门（单位）派员参加。较大事故和一般事故由事故发生地安全监管办组织事故调查组进行调查。调查组组长由安全监管办负责人或指定人员担任，安全监管办安全监察部门、有关业务处室、公安机关等部门派员参加。

铁路总公司认为必要时，可以参与或直接组织对较大事故和一般事故进行调查。

（2）根据事故的具体情况，事故调查组还可由工会、监察机关有关人员以及有关地方人民政府、公安机关、安全生产监督管理部门等单位派人组成，并应当邀请人民检察院派人参加。事故调查组认为必要时，可以聘请有关专家参与事故调查。

（3）发生一般B类以上、重大以下事故（不含相撞的事故），涉及其他安全监管办辖区时，事故发生地安全监管办应当在事故发生后12 h内发出电报通知相关安全监管办。相关安全监管办接到电报后，应当立即派员参加事故调查组。

（4）自事故发生之日起7日内，因事故伤亡人数变化导致事故等级发生变化，依照《条例》规定由上级机关调查的，原事故调查组应当及时报告上级机关。

（5）事故调查组履行下列职责：

① 查明事故发生的经过、原因、人员伤亡情况及直接经济损失。

② 认定事故的性质和事故责任。

③ 提出对事故责任者的处理建议。

④ 总结事故教训，提出防范和整改措施建议。

⑤ 提交事故调查报告。

（6）事故调查组在事故发生后应当及时通知相关单位和人员；一般B类以上、重大以下的事故（不含相撞的事故）发生后，应当在12 h内通知相关单位，接受调查。事故调查组到达现场前，组织事故调查组的机关可指定临时调查组组长，组成临时调查组，勘察现场，掌握人员伤亡、机车车辆脱轨、设备损坏等情况，保存痕迹和物证，查找事故线索及原因，做好调查记录，及时向事故调查组报告。

事故调查组到达后，发生事故的有关单位必须主动汇报事故现场真实情况，并为事故调查提供便利条件。事故发生单位的负责人和有关人员在事故调查期间应当随时接受事故调查组的询问，如实提供有关资料和物证。

事故调查组有权向有关单位和个人了解与事故有关的情况，并要求其提供相关文件、资料，有关单位和个人不得拒绝。

（7）事故调查组根据需要，可组建若干专业小组，进行调查取证。

① 搜集事故现场物证、痕迹，测量并按专业绘制事故现场示意图，标注现场设备、设施、遗留物的名称、尺寸、位置、特征等。

需要搬动伤亡者、移动现场物体的，应做出标记，妥善保存现场的重要痕迹、物证；暂时无法移动的，应予守护，并设明显标志。

② 询问事故当事人及相关人员，收取口述、笔述、笔录、证照、档案，并复制、拍照。

不能书写书面材料的,由事故调查组指定人员代笔记录并经本人签认。无见证人或者当事人、相关人员拒绝签字的,应当记录在案。

③ 对事故现场全貌、方位、有关建筑物、相关设备设施、配件、机动车、遗留物、致害物、痕迹、尸体、伤害部位等进行拍照、摄像。及时转储、收存安全监控、监测、录音、录像等设备的记录。

④ 收取伤亡人员伤害程度诊断报告、病理分析、病程救治记录、死亡证明、既往病历和健康档案资料等。

⑤ 对有涂改、灭失可能或以后难以取得的相关证据进行登记封存。

⑥ 查阅有关规章制度、技术文件、操作规程、调度命令、作业记录、台账、会议记录、安全教育培训记录、上岗证书、资质证书、承(发)包合同、营业执照、安全技术交底资料等,必要时将原件或复印件附在调查记录内。

⑦ 对有关设备、设施、配件、机动车、器具、起因物、致害物、痕迹、现场遗留物等进行技术分析、检测和试验,组织笔迹鉴定,必要时组织法医进行尸表检验或尸体解剖,并写出专题报告。

⑧ 脱轨事故发生后,在全面调查的基础上,必要时应对事故地点前后一定长度范围内的线路设备进行检查测量,并调阅近期内该段线路质量检测情况;对事故地点前方(列车运行相反方向)一定长度的线路范围内,有无机车车辆配件脱落、刮碰行车设备的痕迹等进行检查,对脱轨列车中有关的机车车辆进行检查测量,并调阅脱轨机车车辆近期内运行情况监测记录。

(8)事故调查中需要对相关的铁路设备、设施进行技术鉴定或者对财产损失状况以及中断铁路行车造成的直接经济损失进行评估的,事故调查组应当委托具有国家规定资质的机构进行技术鉴定或者评估。技术鉴定或者评估所需时间不计入事故调查期限。各专业小组应按调查组组长的要求,及时提交专业小组调查报告。调查组组长应组织审议专业小组调查报告,并研究形成《铁路交通事故调查报告》,由调查组所有成员签认。调查组成员意见不一致时,应在事故报告中分别进行表述,报组织调查的机关审议、裁定。

事故调查中发现涉嫌犯罪的,事故调查组应当及时将有关证据、材料移交司法机关。

(9)《铁路交通事故调查报告》应包括下列内容:

① 事故概况;

② 事故造成的人员伤亡和直接经济损失;

③ 事故发生的原因和事故性质;

④ 事故责任的认定以及对事故责任者的处理建议;

⑤ 事故防范和整改措施建议;

⑥ 与事故有关的证明材料。

(10)事故调查组应在下列期限内向组织事故调查组的机关提交《铁路交通事故调查报告》:

① 特别重大事故的调查期限为 60 日;

② 重大事故的调查期限为 30 日;

③ 较大事故的调查期限为 20 日;

④ 一般事故的调查期限为 10 日。

事故调查期限自事故发生之日起计算。

事故调查组形成《铁路交通事故调查报告》，报组织事故调查的机关同意后，事故调查组的工作即告结束。铁路总公司、安全监管办的安全监察部门应在事故调查组工作结束后15日之内，根据事故报告，制作《铁路交通事故认定书》，经批准后，送达相关单位。

一般B类以上、重大以下事故（相撞事故为较大事故）的档案材料，应报铁路总公司备案（3份）。

（11）铁路总公司发现安全监管办对事故认定不准确时，应予以纠正。必要时，可另行组织调查。事故调查组成员在事故调查工作中应诚信公正、恪尽职守，遵守事故调查组的纪律，保守事故调查的秘密。未经事故调查组组长允许，调查组成员不得擅自发布有关事故的调查信息。调查事故应配备必要的调查设备和装备，保证调查工作顺利进行。调查设备和装备包括通信设备、摄影摄像设备、录音设备、绘图制图设备、便携电脑以及其他必要的装备。

（12）《铁路交通事故认定书》是事故赔偿、事故处理以及事故责任追究的依据。
《铁路交通事故认定书》应按照铁路总公司规定的统一格式制作，内容包括：
① 事故发生的原因和事故性质；
② 事故造成的人员伤亡和直接经济损失；
③ 事故责任的认定；
④ 对有关责任单位及人员的处理决定或建议。

事故责任单位接到《铁路交通事故认定书》后，于7日内，填写《铁路交通事故处理报告表》（安监报2），按规定报送《铁路交通事故认定书》制作机关，并存档。

铁路交通事故处理报告表见表4-2。

表4-2 铁路交通事故处理报告表

年月日	区间	站	k	m	‰(+-)	R	m
	车次		种类		天气	司机	
	机车	型号		补机	型号	副司机	
	所属段			牵引定数		运转车长	
	现车	辆		吨	计长	列车长	
	发生		日	时	分	值班员	
	复旧	上行（单）	日	时	分		
		下行					
	开通	上行（单）	日	时	分		
		下行					
	中断正线时间	上行（单）	日	时	分		
		下行					
原因	违章	违纪	设备不良	社会治安	自然灾害	其他	
概况							

续表 4-2

设备破损		责任部门、单位	
救援情况			

《铁路交通事故认定书》编号			
事故类别		责任程度	
发生时间地点			
事故概况			
原因			
防范措施			
承担的经济损失费用			

主要责任者关系责任者	职务	姓名	年龄	文化	路龄	现职龄	处分情况

续表 4-2

基本情况	地点		局省		线市	线别		站至区单位		站场所	上下行		公里股道	米
	列车		次型		车号			站至配属		站担当	配属速度		担当供电	旅客信号
	机车												危险品	超限车
	编组		吨		辆			计长	重车	空车	列尾			
	关系人		司机	副司机		运转车长		列车长		值班员		天气情况	事故性质	
	发生时间	上行(单)		月	日		时	分	下行	月	日		时	分
	复旧时间	上行(单)		月	日		时	分	下行	月	日		时	分
	开通时间	上行(单)		月	日		时	分	下行	月	日		时	分
事故后果	中断时间	上行(单)			下行				耽误列车时间	上行			下行	
	脱轨情况	动车组	机车	客车	货车	设备破损	动车组		机车		车辆	其他		直接损失	万元
	相撞情况	机动车	非机动车		行人	道口情况		公铁并行	防护栅栏		公铁立交	速度区段	曲线半径		坡度
	伤亡人员情况	姓名		单位		性别	年龄	民族		工种	伤害程度	人员属性	死亡人数	重伤人数	轻伤人数
													路内 路外	路内 路外	路内 路外
事故概况															
责任认定		责任单位				责任单位属性			责任部门		责任程度	原因类别		事故类别	
														等级	

值班监察　　　　　　填报时间　年　月　日　时　分　第　次　报告

子任务 4.4.3　事故责任判定和损失认定

一、事故的判定

1. 事故分类

事故分为责任事故和非责任事故。

事故责任分为全部责任、主要责任、重要责任、次要责任和同等责任。

2. 事故责任划分

（1）铁路运输企业或相关单位发布的文电，违反法律法规、铁路总公司规章或铁路相关技术标准和作业标准等，直接导致事故发生的，定发文电单位责任。

（2）因设备管理不善造成的事故，定设备管理单位责任。

（3）因产品质量不良造成事故，属设计、制造、采购、检修等单位责任的，定相关单位责任；应采用经行政许可或强制认证的产品而采用其他产品的，追究采用单位责任；采购不合格或不达标产品的，追究采购单位责任。

（4）自然灾害原因导致的事故，因防范措施不到位，定责任事故。确属不可抗力原因导致的事故，定非责任事故。

（5）营业线施工中发生责任事故，属工程建设、设计、监理、施工等原因造成的，定上述相关单位责任；同时追究设备管理单位责任。

（6）已经竣工验收的设备，因质量问题发生责任事故，确属工程建设、设计、施工、监理等单位责任的，定上述相关单位责任；属设备管理不善的，定设备管理单位责任。

（7）涉嫌人为破坏造成的事故，在公安机关确认前，定发生单位责任事故；经公安机关确认属人为破坏原因造成的，定发生单位非责任事故。

（8）机车车辆断轴造成事故，由于探测、监测工作人员违章违纪或设备不良、管理不善等原因造成漏报、误报或预报后未及时拦停列车的，定相关单位责任。由于货物超载、偏载造成车辆断轴事故，定装车站或作业站责任。

（9）因列车折角塞门关闭造成事故，无法判明责任的定发生地铁路运输企业责任事故。

（10）错误办理行车凭证发车或耽误列车事故的责任划分：司机起动列车，定车务、机务单位责任；司机发现未动车，定车务单位责任；通过列车司机未及时发现，定车务、机务单位责任；司机发现及时停车，定车务单位责任。

（11）应停车的客运列车错办通过，定车站责任；在区间乘降所错误通过，定机务单位责任。

（12）因断钩导致列车分离事故，断口为新痕时定机务单位责任（司机未违反操作规程的除外），断口旧痕时定机车车辆配属或定检单位责任；机车车辆车钩出现超标的砂眼、夹渣或气孔等铸造缺陷定制造单位责任。

未断钩造成的列车分离事故根据具体情况进行分析定责。

（13）因货物装载加固不良造成事故，定货物承运单位责任；属托运人自装货物的，定托运人责任，货物承运单位监督检查失职的，追究货物承运单位同等责任。因调车作业超速连挂和"禁溜车"溜放等造成货物装载加固状态破坏而引发的事故，定违章作业站责任；因押运人员在运输途中随意搬动货物和降低货物装载加固质量而引发的事故，定押运人员所在单位责任，货物承运单位管理失职的，追究同等责任；货检人员未认真履行职责的，追究货检人员所在单位同等责任。因卸车质量不良造成事故，定卸车单位责任，同时追究负责检查的单位责任。

（14）自轮运转设备编入列车因质量不良发生事故时，定设备配属单位责任；过轨检查失职的，定检查单位责任；违规挂运的，定编入或同意放行的单位责任。

（15）因临时租（借）用其他单位的设备设施、人员，发生事故，定使用单位责任。

产权单位委托其他单位维修设备设施，因维修质量不良造成事故，定维修单位责任；产权单位管理不善的，追究其同等责任。

（16）凡经铁路总公司批准或铁路运输企业批准并报铁路总公司核备后的技术革新项目、科研项目在运营线上试验时，在限定的试验期限内确因试验项目本身原因发生事故，不定责任事故；但由于违反操作规程以及其他人为因素造成的事故，定责任事故。

（17）事故发生后，因发生单位未如实提供情况，导致不能查明事故原因和判定责任的，定发生单位责任。

（18）事故涉及两个以上单位管理的相关设备，设备质量均未超过临修或技术限度时，按事故因果关系进行推断，确定责任单位。

（19）事故调查组未及时通知有关单位接受事故调查，不得定有关单位责任。有关单位接到通知后，应派员而未派员接受事故调查的，事故调查组可以直接定责。

（20）铁路作业人员在从事与行车相关的作业过程中，不论作业人员是否在其本职岗位，由于违反操作规程、作业纪律，或铁路运输生产设备设施、劳动条件、作业环境不良，或安全管理不善等造成伤亡，定责任事故。具体情形按以下规定办理。

① 乘务人员及其他作业人员在企业内候班室、外地公寓、客车宿营车等处候班、间休期间，因违章违纪、设备设施不良等造成伤亡，定有关单位责任。

② 作业人员在疏导道口、引导或帮助旅客上下车、维持站车秩序过程中被列车撞轧而伤亡的，定作业人员所在单位责任。

③ 事故发生过程中，作业人员在避险或进行事故抢险时因违章作业再次发生伤亡，应按同一件事故定责；事故过程已终止，在事故救援、抢修、复旧及处理中又发生事故导致伤亡的，按另一件事故定责。

④ 铁路运输企业所属临管铁路发生的责任伤亡事故，定该企业责任事故。

⑤ 作业人员在工作或间歇时间擅自动用铁路运输设备设施、工具等导致伤亡的，定该作业人员所在单位责任事故，同时追究设备设施配属（或管理）单位的责任。

⑥ 作业人员因患有职业禁忌症而导致行为失控，造成伤亡的，定该作业人员所在单位责任。

⑦ 两个及以上铁路运输企业在交叉作业中发生伤亡，定主要责任单位事故；若各方责任均等，定伤亡人员所在单位责任，同时追究其他相关单位责任。若各方责任均等且均有人员伤亡，分别定责事故。

（21）作业人员发生伤亡，经二级以上医院、急救中心诊断或经法医检验、解剖，证明系因脑溢血、心肌梗塞、猝死等突发性疾病所致，并按事故处理权限得到事故调查组确认的，不定责任事故。医院等级不够的，须经法医进行尸表检验或尸体解剖鉴定。法医尸检或解剖鉴定报告结论不确定的，定责任事故。

（22）作业人员伤亡事故原因不清，或公安机关已立案但尚无明确结论的，定责任事故。

暂时不能确定事故性质、责任的，按待定办理。若跨年度仍不能确定或处理时间超过法定期限的，定伤亡人员所在单位责任。在年度统计截止前，该事故已查清并作出与原处理决定相反结论的，可向原处理部门申请更正。

（23）铁路机车车辆与行人、机动车、非机动车、牲畜及其他障碍物相撞造成事故，按以下规定判定责任：

① 事故当事人违章通过平交道口或者人行过道，或者在铁路线路上行走、坐卧造成人身伤亡，定事故当事人责任。

② 事故当事人逃逸或者有证据证明当事人故意破坏、伪造现场、毁坏证据，定事故当事人责任。

③ 事故当事人违反国家法律法规，有明显过失的，按过错的严重程度，分别承担责任。

（24）铁路总公司、安全监管办有关部门及其人员未能依法履行职责，发生下列情形之一的，应当追究其行政责任。涉嫌犯罪的，移送司法机关处理。

① 违反国家公布的技术标准或铁路总公司颁布的规章、技术管理规程和作业标准，擅自公布部门技术标准，导致事故发生的，追究相关部门及其人员的责任。

② 在实施行政许可、强制认证、技术审查或鉴定，以及产品设备验收等监督管理职责的过程中，违反法定权限、法定程序和有关规定，或对相关产品设备等监督检查不力，造成不合格、不达标产品设备等投入运用，导致事故发生的，追究相关部门及其人员的责任。

二、事故损失认定

（1）事故相关单位要如实统计、申报事故直接经济损失，制作明细表，经事故调查组确认后，在《铁路交通事故认定书》中认定。

（2）下列费用列入事故直接经济损失：

① 铁路机车车辆、线路、桥隧、通信、信号、供电、信息、安全、给水等设备设施的损失费用。报废设备按报废设备账面净值计算，或按照市场重置价计算；破损设备设施按修复费用计算。

② 铁路运输企业承运的行包、货物的损失费用。

③ 事故中死亡和受伤人员的处理、处置、医治等费用（不含人身保险赔偿费用）。

④ 被撞机动车、非机动车、牲畜等财产物资，造成的报废或修复费用。

⑤ 行车中断的损失费用。

⑥ 事故应急处置和救援费用。

⑦ 其他与事故直接有关的费用。

（3）有作业人员伤亡的，直接经济损失统计范围、计算方法等按《企业职工伤亡事故经济损失统计标准》（GB6721—1986）执行。

（4）负有事故全部责任的，承担事故直接经济损失费用的100%；负有主要责任的，承担损失费用的50%以上；负有重要责任的，承担损失费用的30%以上、50%以下；负有次要责任的，承担损失费用的30%以下。

有同等责任、涉及多家责任单位承担损失费用时，由事故调查组根据责任程度依次确定损失承担比例。

负同等责任的单位，承担相同比例的损失费用。

项目 4　发车、运行与调车作业

> **任务实施**

任务工单 4-4

任务名称：发车作业
任务类型：小组讨论
任务布置：
1. 能掌握变更调车计划相关要求
2. 能掌握不同情况下调车作业速度要求
3. 能掌握特殊车辆调车作业要求
4. 掌握拔头后，防止列车溜逸先关要求
问题引导：
（1）调车计划变更有哪些相关要求？
（2）调车作业速度有哪些规定？
（3）特殊车辆调车作业要求有哪些？
（4）拔头防溜相关要求有哪些？

项目 5　到达、入段与退勤作业

任务 5.1　终到站作业及入段作业

> **任务布置**

1. 完成列车终到站作业
2. 模拟车钩、软管的摘解作业
3. 模拟机车入段过程作业

> **相关知识**

（1）按停车位置标或指定地点停车，司机实施最大有效减压，确认制动主管排风时间正常，进行最大有效减压联控，摘解机车前不得缓解列车制动。

司机：××（次列车）已达到最大减压量××kPa，可以摘管；

摘解人员（具备同频率无线调度通信设备时）：××（次列车）已达到最大减压量××kPa，可以摘管。

（2）对直供电列车。

① 保持供电，接到车辆乘务员通知后方可卸载，断开主断路器、降下受电弓（DF11G型机车停止供电柴油机工作），拔出供电钥匙，在机车《列车供（断）电交接记录簿》签认时间、姓名。

② 在机车与客车连接处将供电钥匙交客列检，客列检在机车《列车供（断）电交接记录簿》上签认时间、姓名。

③ 作业完毕后，客列检在机车与客车连接处将供电钥匙交回，并在机车《列车供（断）电交接记录簿》上签认时间、姓名。

（3）终到后利用机车进行列车制动机试验时，在摘解机车后司机按检车员指示前行至指定位置，进行列车制动机试验。

旅客列车终到需进行制动机试验时，在旅客乘降完毕后方可按照车辆人员要求进行制动机试验；如无法确认旅客乘降是否完毕，必须在列车停稳 5 min 以后进行制动机试验。

（4）列车终到或在途中站调车作业，调车信号未开放时不得将监控装置由监控状态转为调车状态，确认调车信号开放后，方可将监控装置转为调车状态。

调车信号未开放时，因 LKJ 距离限制（监控装置限制速度下降至 8 km/h 时，仍未离开固定脱轨器），列检不能按作业要求进行作业时，允许监控装置转为调车状态，但速度不得超过 3 km/h，距显示停车信号的信号机 10 m 前必须停车。确认机车停稳后，再退出调车状态。对 ND5、HXN5 等单端司机室的机车，在长端向前时，学习司机须在走台板领车。

（5）机车乘务员负责摘解时：

第一步　编组站、区段站需在摘开机车前进行防溜作业的列车，列车进站前车站值班员须使用列车无线调度通信设备通知司机。

车站值班员：××（次）司机，列车（车底）进站后，车站采取防溜措施后方可摘开机车；

司机：××（次）司机明白。

第二步　学习司机离开司机室前与司机共同确认达到最大有效减压量、制动主管排风停止。

司机：已达到最大减压量，可以摘管；

学习司机：可以摘管，学习司机明白。

第三步　学习司机下车，确认机车距前方信号机距离、停留车辆中 2 辆处于制动状态、车体两侧防护信号撤除。

第四步　先关机次第一位车辆前部折角塞门，后关机车折角塞门，摘开机车与车辆连接的制动软管、总风软管，对车辆制动主管进行适量放风。

第五步　在中间站及编组站、区段站已通知司机摘开机车前需进行防溜作业的列车，确认相关作业人员已按规定采取防溜措施。

第六步　提开车钩，面向司机显示"机车向显示人反方向去"的信号。

第七步　司机确认机车距前方信号机距离，单缓机车制动，前移 2 m 以上停车（在设有固定脱轨器的线路上拔头，条件允许时，司机应直接将机车移至固定脱轨器外方后再停车），学习司机将机车制动软管、总风软管吊挂。需压缩车钩时司机也应单缓动车。

第八步　学习司机回到机车后，司机将自阀手把移回运转位。

（6）由其他人员负责摘解时：

第一步　列车停稳后，摘解人员与司机面对面确认制动主管达到最大减压量。

摘解人员：××（次）确认已达到最大减压量；

司机：××（次）已达到最大减压量，可以摘管；

摘解人员：××（次）可以摘管，××明白。

第二步　司机确认车体两侧防护信号撤除、摘解人员显示的"机车向显示人反方向去"或"摘解"信号后，单缓机车制动，前移 2 m 以上停车。

第三步　单班单司机值乘时，摘解人员负责吊挂机车制动、总风软管。

（7）到达列车机车摘开后，应前移 20 m 以上距离。机车摘开仍在原线路停留，司机得到列检设置移动脱轨器距机车不足 10 m 的通知时，须注意不得向后移动。动车前，司机必须确认换向手柄位置，防止碰压脱轨器。

机车不能及时入段时，检查走行部（装有轴温监测装置且良好时可不检测轴温），调车信号开放后应及时按信号要求作业。

（8）货物列车在得到列尾消号的通知，列车管压力低于 460 kPa 时，司机解除列尾"一对一"关系。电力机车牵引的货物列车在设有检充点的车站终到或更换机车时，应按压列尾司机控制盒上的"断连"键；旅客列车终到后或途中换挂机车时，机车摘解前，司机应解除 LBJ 与 KLW 的对应关系。

（9）同一线路上，一端列车出发未出清股道时，线路内停留的机车不得跟随该列车同方向移动；在列车出清股道、机车信号显示红黄灯后方可移动至调车信号机前，按其显示运行。

（10）车站通知同一线路内有机车或车列停留时，司机要注意瞭望、控制速度。站内、段内同一线路上，两台及以上的机车转线时（重联时除外），前行机车越过调车信号后，该调车信号未关闭、再开放前，后续机车不得越过。

（11）货物列车在停车处地面与车站接收票据人员进行交接、签字；由乘务员携带客运列车编组顺序表、客运列车挂车通知单时，与车站进行交接。

如车站无人接取货运票据时，机车乘务员使用列车无线调度通信设备通知车站。

➤ 任务实施

任务工单 5-1

任务名称：终到站作业及入段作业。

任务类型：小组讨论

任务布置：
1. 完成列车终到站作业
2. 模拟车钩、软管的摘解作业
3. 模拟机车入段过程作业

问题引导：

（1）机车终到站停车后首先要做哪些工作？

（2）如何完成摘解车钩、软管的任务？

（3）机车摘解完毕后如何入段？

（4）机车入段时需要注意哪些事项？

任务 5.2　机车整备及退勤作业

> **任务布置**

1. 掌握机车整备作业内容
2. 掌握机车整备设备
3. 掌握机车整备作业流程
4. 掌握机车整备作业方式
5. 掌握退勤作业流程及标准

> **相关知识**

机车整备作业是机务段日常运用工作内容之一。整备作业过程作业量大，要求严格，也是乘务员直接参与的一项工作。为保证列车安全、正点、平稳舒适，除了机车驾驶员应具备良好的操纵技术外，还必须保证具备良好的技术状态和文明状态。为此，机车运用前要对机车加强日常保养工作。整备作业就是机车运用前的一切供应和保养准备。

退勤作业是机车乘务员一次乘务作业的最后一个环节。退勤前，司机应复核司机报单填记是否正确，对本次列车的早、晚点情况进行分析并作出记录、报告调度员非正常行车情况，对监控装置检索分析问题及超劳运行等情况做出说明，上交司机手账、报单、列车时刻表后办理退勤，至此乘务员一次出行标准化作业就完成了。

一、机车整备概述

（1）对不良处所提票修理并引记，填记《机车交接班记录簿》，按规定对机车进行检查、保洁、整备。轮乘机班交接时，负责对两端司机室进行彻底清扫。不能对口交接时拧紧手制动机，安放止轮器挂好禁动牌方可停机，锁好门窗，做好防火、防溜工作。

（2）单班单司机值乘的机车在管内入库时，由整备人员负责接取司机报单，填记领取燃料、油脂后交值乘司机。交班司机与整备人员在指定的交车地点处交接防护用品及工具、燃油（耗电量）及机车质量信息等。

二、整备作业项目

（一）轮缘测量

1. 检测目的

规范整备车间轮缘测量员日常作业行为，指导整备机车轮缘测量工作，务求机车轮缘数据测量准确，确保线上行车安全；在作业中掌握安全注意事项，落实风险环节控制，作业中做到自控、互控，在保证质量的同时，确保人身安全。

2. 作业环境

1）作业时间

使用近限量规测量时，单人单台机车不得少于 5 min，需使用第四种检查器时，根据实际近限轮缘个数增加测量时间。

2）禁止作业因素

（1）机车制动机失效、机车无防溜的情况下，严禁测量作业。

（2）电务人员、地检司机、乘务员等进行制动机机能试验，行修人员修复制动系统故障时，严禁测量作业。

（3）内燃机车在启机状态、电力机车在升弓状态、机车操纵端单阀上未按规定挂本岗位禁动牌等情况下，严禁测量作业。

（4）机车停留在非整备线或停留位置无地沟，严禁测量作业。

（5）轮缘测量器具(近限量规和第四种检查器)超期、损坏及第四种检查器误差超过0.2 mm时，严禁使用该轮缘测量器具进行测量作业。

（6）轮缘表面有脏污物，未及时清理，严禁测量作业。

3）作业必备条件

（1）机车轮缘测量必须在整备车间整备线的地沟内进行，严禁在其他区域内进行。

（2）轮缘测量员在测量机车轮缘前必须确认机车状态，内燃机车处于停机状态，电力机车必须在降弓状态下，在操纵端单阀上挂好禁动牌后方可作业。

（3）轮缘测量器具状态良好，在检定日期内，接班前或发生碰撞后需校验合格方可使用。

3. 检测范围

测量机车轮对轮缘厚度。

4. 流程标准

表5-1 轮缘测量流程标准

项别	作业流程	作业标准	工具用品	作业时间	作业人员
1.接班	参加班前会	参加班组班前会，听取本班重点工作安排，做好班前生产安全预想，按规定着装，持《铁路岗位培训合格证书》(班组统一存放)、风险卡上岗	轮缘校验模板、近限量规、第四种检查器、《轮缘测量工作手册》、风险卡	轮缘量具校验用时5 min	轮缘测量员1人
	测量工具校验	（1）轮缘测量器具状态良好，在检定日期内，接班前校验合格。 （2）用轮缘模板对工作尺和复测尺分别进行校验检查，将校验数据填记在《轮缘测量工作手册》上，带班干部现场监督全过程，并在《轮缘测量工作手册》上签字			轮缘测量员、带班干部2人
	非正常情况	（1）量轮人员替班上岗时，替班人员必须由高职替低职，必须具有量轮资质，有培训、考试合格证书。具有量轮资质人员每人配备个人《轮缘测量工作手册》，记录量轮数据。 （2）复测干部不能复测时，代替的复测干部必须由高职替低职，必须具有复测资质，有培训、考试合格证书。 （3）校验后与模具数值偏差相差0.2 mm及以上时，需立即更换第四检查器。 （4）第四种检查器超期时，车间应备有良好备用量具，超期量具及时送检，车间专人跟踪鉴定结果，及时取回量具。 （5）遇雨、雪等不良天气，要做好个人防护工作			轮缘测量员1人

续表 5-1

项别	作业流程	作业标准	工具用品	作业时间	作业人员
2.出场	接到通知及时出场	（1）接到机车入库整备的通知后，车间信息员要通过整备平台检索轮缘预警信息。 （2）轮缘测量员要与信息员做好互控，要主动询问机车轮缘预警信息。 （3）有预警时，信息员要及时通知测量人员和复测干部，并将前三次预警数据写在《轮缘测量工作手册》（用印章盖在该机车页的空白处，样式附后），轮缘测量员收到预警数据后立即出场	《轮缘测量工作手册》、安全帽、近限量规、第四种检查器、头灯式手电、棉丝、本工种的禁动牌、风险卡	用时 5 min	信息员、轮缘测量员 2 人 需复测时的复测干部 1 人
	安全卡控措施	（1）按规定佩戴安全防护用品，带好相关工具和本工种的禁动牌。 （2）按规定路线行走			
3.检测作业	机车轮缘测量	（1）轮缘测量员用棉丝对将要测量的部位进行擦拭，使用轮缘近限量规测量一点轮缘磨耗量，必须对准轮心与踏面垂直，同时 c 面的平面紧贴轮箍内侧面。仔细观察标号 a、b 的两点与踏面、轮缘的接触情况，如果 b 点与踏面不接触，说明轮缘没有近限，如果 b 点与踏面接触，就是轮缘接近限度了，需要用第四种检查器进行测量。 （2）轮缘测量员使用第四种检查器对轮缘三点测量，三点为"工作者站在地沟内地面上能检测到的轮缘两个最低点（前后各一个）一个最高点"，如测量最小读数 ≤24.5 mm 时，立即通知带班主任进行复测，复测干部按上述选点原则选取与测量员不同的三点进行复测，并取轮缘测量员及复测干部所测量六点中的最小值，作为最终测量数值	《轮缘测量工作手册》、近限量规、第四种检查器、头灯式手电、棉丝、本工种的禁动牌、风险卡	单人单台机车不得少于 5 min，需使用第四种检查器时，根据实际近限轮缘个数增加测量时间	轮缘测量员 1 人 需复测时的复测干部 1 人
	安全卡控措施	（1）作业前确保内燃机车处于停机状态下、电力机车在降弓状态下。 （2）轮缘测量员将禁动牌挂在机车操纵端全制位单阀手柄上，确认机车防溜状态良好且无移动可能后，方可作业。 （3）上下地沟，必须走固定台阶。 （4）作业完毕，轮缘测量员亲自取下本工种禁动牌			

续表 5-1

项别	作业流程	作业标准	工具用品	作业时间	作业人员
4. 记录数据	检测数据填记	（1）使用轮缘近限量规测量时，当轮缘近限量规中 b 点不接触踏面时，轮缘测量员在《轮缘测量工作手册》上该位置用笔标注"√"。 （2）在量轮作业结束后，轮缘测量员将手账中标记数据依次记录到《电力（内燃）机车轮缘测量记录表》中，当轮缘厚度≤24.5 mm 时，取测量三点中的最小值作为最终测量数值，填记在轮缘数据行的对应位置上；产生复测时，复测干部要将测量三点中的最小值填写在下一行对应位置内并签字。 （3）轮缘数据输入整备系统时，凡查询存在预警信息（≤24.5 mm）的轮缘，必须对该轮缘使用第四种检查器予以测量，无论测量数值是否近限，都必须将测量所得数值录入整备平台	《轮缘测量手账》、《机车轮缘测量记录表》、微机、风险卡	用时 10 min	轮缘测量员 1 人
	非正常情况	微机故障时，信息员及时通知带班主任，使用整备车间其他电脑进行输入，如果是整备系统故障，及时通知带班主任及技术科，并在系统恢复正常后第一时间输入信息			
5. 信息反馈	轮缘数据信息反馈	（1）遇机车轮缘测量值≤24.5 mm 时，带班干部复测确认后，要将该机车信息网传段技术科，轮对工程师负责分析、跟踪。 （2）遇机车轮缘测量值≤23.5 mm 时，由带班干部立即通知技术科车轮工程师或值班人员，由技术科通知运用科扣车回段，机车在外地要带机统-6 票返本段具有落轮能力的车间。（注：和谐型机车轮缘≤24 mm 时，按上述程序进行通知，并由配属段技术科轮对工程师牵头，通知运用科 5 日内必须入库整备并再次测量，同时跟踪轮缘磨耗情况）。 （3）轮缘测量员要将测量数据与预警数据进行核对，发现轮缘磨耗异常情况，及时通知带班主任，由带班主任负责掌握和分析，并向技术专职反馈信息	电话、风险卡	用时 5 min	轮缘测量员、带班干部 2 人
6. 交班	参加收工会	总结当班工作情况，听取带班干部总结经验教训			轮缘测量员 1 人

（二）登顶作业

1. 检查目的

规范整备车间电力机车日常登顶作业行为，指导操作员、受电弓检查员及相关人员的作业标准，在作业中掌握安全注意事项，确保牵车机作业及电力机车登顶作业标准，落实风险环节控制，作业中做到自控、互控，确保登顶作业的人身安全和机车整备质量。

2．作业环境

1）作业时间

正常作业 20 min；受电弓检查员从登上车顶到离开车顶不得低于 10 min。如遇故障需要处理或有需办理隔离的其他作业时，根据作业情况延长时间。

2）禁止作业因素

（1）遇雷、雨、雪、雾、大风（5级及以上）天气等恶劣天气时，只进行牵车作业，禁止登顶作业。

（2）牵车设备发生故障不能操作时，停办牵车作业。

（3）牵车设备操作时，作业组人员不全，禁止办理牵车作业。

（4）牵车设备故障修复后，未经施修人员、操作员试验，试验正常未经主管主任下达投入使用命令，禁止恢复牵车操作。

（5）每班开工前进行验电，验电器显示无电区内有电时，禁止登顶作业。

3）作业必备条件

（1）设备操作员必须经考试合格并持有设备操作证，方准进行操作，必须严格遵守有关安全制度。

（2）每班开工前，必须对无电区接触网进行验电；绝缘防护用品齐全无破损，检验标签齐全不超期。

（3）确认牵车电源柜钥匙、牵车电源开关钥匙、登顶门钥匙齐全，办理牵车作业股道一致。

（4）电力机车在安全作业区内规定的位置停放，断主断、降弓，并采取制动防溜措施。

3．检查范围

（1）检查受电弓、高压隔离开关、高压电压互感器、高压电流传感器、主断路器、避雷器、风笛及车顶各部件状态（具体检查部件根据车型而定）。

（2）测量受电弓静态接触压力和升、降弓时间，测量受电弓碳滑板磨耗剩余厚度。

（3）受电弓球形关节检查给油，高压互感器油位及吸湿器检查。

（4）清洁车顶绝缘子、清理车顶冰雪等异物；擦拭受电弓来风管。

4．作业标准

表 5-2　登顶作业标准

项别	作业流程	作业标准	工具备品	作业时间	作业人员
1.接班	参加班前会	参加班组班前会，听取本班重点工作安排，做好班前生产安全预想，按规定着装，持《铁路岗位培训合格证书》与驾驶证、风险卡上岗	对讲机、风险卡	10 min	全体地检司机、操作员、受电弓检查员
	工具检查	（1）检查试验对讲机状态良好，电池电量充足。（2）按规定着装，穿戴好安全帽、手套等防护用品。（3）每天接班后，对牵车设备接线情况、无电设备进行检查，对无电区接触网进行验电，检查正常、验电无电后方可进行作业		15 min	

续表 5-2

项别	作业流程	作业标准	工具备品	作业时间	作业人员
1. 接班	非正常情况	（1）操作员替班上岗时，替班人员必须具有操作员资质，有培训、考试合格证书。 （2）对讲机电量不足时要立即更换电池，进行充电，如发现故障不能使用时要立即通知地检工长启用备用对讲机。 （3）遇雨、雪等不良天气，严禁登顶作业			
2. 出场	接到通知及时出场	（1）操作员、地检司机、地检副司机、受电弓检查员按规定佩戴安全防护用品，带好所办理股道钥匙、"严禁升弓"牌，共同出场。 （2）按规定安全走行线路行走	对讲机、风险卡	5 min	地检副司机1人，操作员1人，受电弓检查员1人
	安全卡控措施	（1）按规定佩戴安全防护用品，带好所办理股道钥匙、"严禁升弓"牌。 （2）按规定安全走行线路到机车停留位置后，确认机车在降弓状态，确认作业职场安全后开工			
3. 检查作业	准备工作	（1）地检司机将机车移至牵车位置停车，确认制动作用良好。 （2）地检司机确认机车总风缸压力不低于750 kPa。 （3）机车降弓，并采取防溜措施（必须实施停放制动）	对讲机、风险卡	35 min	地检司机1人、地检副司机1人，操作员1人、受电弓检查员2人
	牵入作业	（1）开关转换：操作员通知司机将库用开关打至一位或二位（牵车机电源插头插在主变压器上有两个电源插座的一侧，机车库用开关应打至Ⅰ端库用位，插在主变压器上有一个电源插座的一侧，机车库用开关则应打至Ⅱ端库用位），并将"禁止升弓"牌交给地检司机；地检司机将机车库用开关打至一位或二位，同时将"禁止升弓"牌卡在升弓、主断扳键前，防止牵车过程中机车升弓，风泵开关打至闭合位。 （2）连接插头：机车在降弓状态下、库用开关打至一位或二位后，负责监控操作员将电缆线插头和连接线连接在机车上。 （3）牵车供电：在电缆线插头和连接线连接好后，操作员用手台呼叫"××道××号机车准备牵车作业"，地检司机确认机车各部没有其他人员后，地检副司机已将机车前方停车牌放倒后，地检司机回复"××道××号机车准备牵车作业，司机明白，可以作业"，操作员听到回复后，按下电铃警示周围人，然后按压启动按钮，输出指示灯亮，操作员呼叫"××道××号机车已供电"，地检司机听到呼叫后回复"××道××号机车司机明白"，供电过程中，操作员必须在牵车电源柜前进行卡控，遇到异常情况及时断电			

续表 5-2

项别	作业流程	作业标准	工具备品	作业时间	作业人员
3.检查作业	牵入作业	（4）模式转换：机车得到供电后，地检司机通过微机显示屏"过程数据"的"辅助界面"中，确认辅助变流器 3 预充回路接通，相位检测"AE4"显示绿色，库用接触器"KM10"闭合，表明库用电源供电正常。在微机显示屏的"维护测试"的"辅助实验"界面，按压库内动车模式，使之变为黄色后，对话框显示"库用模式锁定，等待直到变流器被重新配置"，等待 1~2 min 后，对话框显示"库内动车模式选择，库内动车模式预备"后，设置完成。机车库内动车模式下，机车制动只能采用空气制动，因此在动车前必须闭合风泵，确保总风压力于 750 kPa 以上。 （5）机车牵入：一切动车条件具备后，地检司机将机车移动到弓网作业地点，副司机将机车后方停车牌立起。 （6）交接钥匙：司机将机车移至指定地点停车，并确认机车风压不低于 750 kPa 后。地检司机用手台呼唤"××道××机车已到达停车地点，可以断电"，操作员听到呼唤后回复"××道××机车已到达停车地点，可以断电，操作员明白"，操作员将牵车电源柜断电并锁闭，然后通知地检司机升弓释放残压，确认无电后，将柜门钥匙、电源开关钥匙、登顶门钥匙，一同交给受电弓检查员；机车不进行登顶作业时，操作员将钥匙交给地检司机负责保管			
	车顶检查作业	（1）受电弓检查员收到柜门钥匙、电源开关钥匙、登顶门钥匙后，方可进行登顶作业。 （2）受电弓检查（DSA200 型）： ① 两接触条应保持同一水平度，不得偏磨；滑板及弓头无裂损、严重变形；接触条无（横向）贯通裂纹及破损。滑板堵头胶皮可以掉块，但不许漏风。滑板磨耗剩余不小于 5 mm，两滑板厚度差不超过 3 mm。 ② 各螺丝紧固状态良好，编织线接触良好，截面折损不大于原形的 10%。 ③ 受电弓支撑绝缘子安装牢固，绝缘子无裂损，无放电痕迹。 ④ 受电弓气囊无破损、表面无老化及龟裂。 ⑤ 阻尼器紧固良好，无泄漏、卡滞现象。 ⑥ 受电弓风管路各部分连接螺丝连接良好、无松动，胶管无裂损，升弓后无漏气处所。 ⑦ 上下臂及导杆、底座，安装牢固，螺栓紧固无松动，没有明显变形	柜门钥匙、电源开关钥匙、登顶门钥匙、弹簧秤、秒表、钢板尺、洁净的擦车巾、喷壶、润滑脂、手台、风险卡	12 min	受电弓检查员 1 人

续表 5-2

项别	作业流程	作业标准	工具备品	作业时间	作业人员
3. 检查作业	车顶检查作业	⑧两台受电弓要逐个检查、测量升、降弓时间和受电弓静态接触压力。测量受电弓静态接触压力：冬季 75～78N，夏季 65～75N（由各段技术科根据实际情况调整受电弓静态接触压力并通知整备车间）。测量受电弓升降弓时间：升弓时间 4.8～5.4 s，降弓时间 4～4.5 s。 ⑨受电弓球形关节及复原弹簧给油：球形关节润滑状态良好，否则适量给油。冬季，使用美孚润滑脂，对受电弓复原弹簧胶垫与弓身接触部分适量给油，使接触表面润滑。 ⑩A、B 阀接头无漏风，铅封作用良好。（SS9 型机车） （3）车顶其他设备检查（和谐型电力机车） ①避雷器各部状态良好，安装牢固，接线无松脱，瓷瓶无破损、无放电痕迹。 ②风笛无破损、缺失，作用良好，安装螺丝牢固。 （4）车顶其他设备检查（SS9 型电力机车） ①高压电流互感器、避雷器、高压隔离开关各部状态良好，安装牢固，接线无松脱，瓷瓶无破损、放电痕迹，高压隔离开关主触头密贴良好。 ②检查绝缘子瓷瓶安装牢固，无放电裂损，绝缘子清洁。 （5）主断路器检查（SS9 型电力机车） ①各螺丝紧固良好，编织线截面折损不大于原形的 10%。 ②绝缘子瓷瓶无放电裂损，绝缘子清洁。 （6）高压电压互感器检查（韶山 9 型电力机车） ①箱体与车顶及其他紧固件安装牢固。 ②瓷瓶、油位表、吸湿器、放油阀门无缺损。油位与室外温度相符，误差±5°之间。 （7）登顶作业完毕后，受电弓检查员确认车顶作业人员全部撤离、没有遗留物品后，将钥匙交给操作员，准备进行牵出作业	开关钥匙、登顶门钥匙、弹簧秤、秒表、钢板尺、洁净的擦车巾、喷壶、润滑脂、手台、风险卡		
	牵出作业	（1）机车牵出：机车作业完毕、准备移出作业区前，操作员在确认机车降弓后，副司机确认机车各部没有其他人员后，在得到地检司机同意后，将机车前方停车牌放倒后，地检司机用手台呼唤"××道××机车牵出作业，申请供电"，操作员听到呼唤后回复"××道××机车牵出作业，操作员明白"。操作员打开牵车电源柜，对机车进行供电后，用手台呼唤"××道××机车，已供电"。地检司机听到呼唤后回复"××道××机车已供电，地检司机明白"。然后，鸣笛动车将机车移出无电区			

续表 5-2

项别	作业流程	作业标准	工具备品	作业时间	作业人员
3. 检查作业	牵出作业	（2）设备恢复：在机车牵出无电区停车后，地检司机用手台呼唤"××道××机车已到达停车地点，可以断电"，操作员听到呼唤后回复"××道××机车已到达停车地点，可以断电，操作员明白"，将牵车电源柜断电、柜门上锁			
	作业结束	（1）地检副司机索要牵车电源柜钥匙，监控操作员将电缆线插头和连接线取下后，操作员收回"禁止升弓"牌并手动将电缆线移回指定位置，准备下次作业。 （2）地检司机将机车库用开关恢复到运用位，将辅助滤波柜上部 F506 开关重新闭合。 （3）地检副司机将机车后部停车牌立起			
4. 信息反馈	信息反馈	（1）发现机车较大质量问题，及时提机统-6 通知行修处理，并通知质检员进行确认验收。 （2）牵引作业过程中，发现问题要及时通知地检工长和带班主任	电话、风险卡	5 min	地检司机 1 人调度员 1 人
5. 交班	参加收工会	总结当班工作情况，听取带班干部总结经验教训，回收工具备品		5 min	全体人员

（三）走行部检查给油

1. 检查目的

规范整备车间走行部检查、保养员日常作业行为，指导机车走行部检查、保养、给油等作业程序和作业标准，充分掌握作业安全注意事项，规避风险，超前防范，严格做到自控、互控、机控、他控，确保作业人员人身安全同时，使机车走行部质量达到良好状态。

2. 作业环境

1）作业时间

每台机车走行部检查作业为 30 min，给油作业为 10 min。如遇特殊情况，如更换闸瓦、更换齿轮箱油等根据作业情况延长或缩短作业时间。

2）禁止作业因素

（1）机车制动机失效、机车无防溜的情况下，严禁检查作业。

（2）电务人员、乘务员、地检司机等人员进行制动机或其他机能试验时，严禁作业

（3）电力机车在升弓状态、机车操纵端单阀上未按规定挂本岗位禁动牌等情况下，严禁检查作业。

（4）机车停留位置非整备线且无地沟，严禁机车底部检查作业。

（5）地沟内部有积水、油垢、冰雪等危及人身安全情况时严禁作业。

3）作业必备条件

（1）作业必须在整备线有地沟的线路上进行，作业时携带机车电钥匙，严禁在其他区域

内进行。

（2）机车走行部作业人员作业前必须确认机车处于降弓状态，操纵端全制位单阀上挂好本岗位禁动牌后，携带机车电钥匙，方可作业。

3. 检查范围

（1）机车端部及排障器、平均管、总风管、制动管、列车管、车钩、自动过分相装置等走行部易脱落部件检查，砂路检查及疏通砂管，走行部防缓漆封及感温贴擦拭检查等。

（2）机车各给油处所的检查与给油，安装有轴温报警装置的机车进行数据下载、分析。

4. 流程标准

表 5-3　运行部检查给油流程标准

项别	作业流程	作业标准	工具用品	作业时间	作业人员
1. 接班	参加班前会	参加班组班前会，听取本班重点工作安排，做好班前生产安全预想，按规定着装，持《铁路岗位培训合格证书》（班组统一存放）、风险卡上岗	手账、手电、风险卡、抹布	检查工具用时 5 min	机车检查员、机车保养员 2 人
	工具检查	（1）安全帽、防护手套齐全完好。 （2）检查手电状态良好，照明亮度充足。 （3）抹布洁净			
	非正常情况	（1）检查人员替班上岗时，替班人员必须由高职替低职，必须具有机车检查资质，有培训、考试合格证书，配备《机车检查工作手册》。 （2）遇雨、雪等不良天气，穿戴好防护用品			
2. 出场	接到通知及时出场	（1）接到机车入库整备的通知后，信息员要通过整备平台查询预警信息。 （2）机车检查员第一时间到信息员处查询预警信息，并将预警情况记录。 （3）有预警信息时，信息员要通知带班干部、质检员做好卡控。 （4）及时出场做到人等车。 （5）轴报分析员及时上车转储，并分析轴温情况，有报警情况及时通知调度并提"机统-6"票	手账、手电、风险卡、抹布、本岗位禁动牌	50 min	机车检查员、机车保养员、轴报分析员 3 人
	安全卡控措施	（1）按规定佩戴安全防护用品，带好相关工具和本岗位的禁动牌。 （2）按规定安全走行路线到达机车整备的指定位置，确认机车受电弓已降下，防溜措施做好后，挂好本岗位禁动牌，携带机车电钥匙作业			
3. 检查作业	机车端部及排障器	（1）前照灯、副前照灯、标志灯外观完好，重联插座锁闭装置良好。 （2）前窗玻璃、刮雨器、机车铭牌完好。 （3）引导脚踏、各扶手无开焊、脱落。 （4）排障器安装螺栓齐全牢固，无变形、裂纹。 （5）排障器距轨面高度符合标准			

续表 5-2

项别	作业流程	作业标准	工具用品	作业时间	作业人员
3. 检查作业	列车管	（1）各折角塞门状态良好，无漏泄。 （2）风管卡子无松动。 （3）列车管连接器口面与地面应垂直，胶圈无老化、丢失。 （4）软管无老化、龟裂，水压试验牌不超过90天。 （5）制动软管连接器口面与机车中心线夹角正确。制动软管后，调整角度并测量距轨面高度符合标准。 （6）固定握手安装牢固，确认列车管与固定握手挂放牢靠	手账、手电、风险卡、抹布、本岗位禁动牌	50 min	机车检查员、机车保养员、轴报分析员3人
	车钩	（1）钩提杆支架安装螺丝无松动、无开焊。 （2）钩提杆无变形，提钩时自动开放无抗劲，全开位符合标准。 （3）钩舌销无折损，开口销开度符合标准，钩舌销径向间隙符合标准。 （4）钩体钩舌无裂纹，防跳台与钩体应垂直。 （5）推动钩舌转动灵活，锁闭位符合标准。 （6）吊杆无裂纹。 （7）车钩中心线距轨面垂直高度符合标准，两车钩连接后中心差符合标准。 （8）防跳销作用良好			
	自动过分相装置	（1）检查自动过分相车感器支架安装螺丝无松动、裂纹，支架无变形。 （2）试验自动过分相装置性能良好			
	撒砂器装置	（1）砂箱外观良好，安装螺丝无松动。箱盖锁闭严密。 （2）砂质干燥，砂箱砂量符合规定。 （3）撒砂器安装牢固，撒砂管、管卡良好、风管接头无松动。 （4）砂管支架安装牢固、无裂纹，砂管无堵塞，砂管U形卡子无松动，各连接喉箍无松动，马蹄胶管无破损，管口应与轨面平行，距轨面与踏面距离符合标准。 （5）撒砂风管、砂堵安装牢固（已改造砂箱需检查调整螺栓良好）			
	油压减振器	上、下支架无开焊，安装螺丝无松动，筒体无泄漏			
	动轮及基础制动装置	（1）车轮各处无裂纹。 （2）轮缘踏面无擦伤、剥离。 （3）基础制动装置安装良好无裂纹，闸片卡簧锁闭良好，闸片与制动缓解间隙符合规定。 （4）弹停装置、缓解拉环及弹簧良好，防尘罩无破损。 （5）作用杆防沙土罩良好，调整装置良好，防缓螺母无松动。 （6）作用杆及连接穿销良好。 （7）蓄能制动器（两端副司机侧1、3轮）风管接头无漏风。 （8）闸片到限厚度符合规定。 （9）制动缸管及管卡良好。 （10）单元制动器安装牢固，风管接头无松动，夹钳、弹停装置手动缓解拉手良好			

续表 5-2

项别	作业流程	作业标准	工具用品	作业时间	作业人员
3. 检查作业	轴箱及附近	（1）轴箱前后弹簧座无断裂变形，弹簧胶垫无老化龟裂。 （2）轴箱端盖安装螺栓齐全无松动。 （3）轴箱温度正常。测温纸清晰可见，温度不高于88℃。 （4）轮缘润滑器油脂罐、各管接头、喷嘴、支架安装牢固，作用良好。 （5）轴箱拉杆、轴箱吊钩良好无裂纹，安装螺栓无松动。 （6）机车速度传感器安装牢固、接线良好。 （7）轴箱内侧油封无甩油。 （8）接地线无缺失，安装螺栓无松动，断股不得超过10%。	手账、手电、风险卡、抹布、本岗位禁动牌	50 min	机车检查员、机车保养员、轴报分析员3人
	横向止挡、轴箱止挡及附近	（1）Ⅱ端空调进气百叶窗完好，无堵塞。 （2）横向止挡、轴箱止挡、支架、安装螺栓、铁链完好，无裂纹。 （3）转向架构架可视部位各部焊坡无开焊。 （4）转向架垂直支撑二系高圆弹簧无裂纹，橡胶座无老化龟裂			
	主变压器	（1）变压器吊装螺丝无松动，支架无裂纹。 （2）各油管、卡箍、法兰安装良好无泄漏，油箱体外观良好无渗油。 （3）变压器油泵支架、接线、弹性连接管、油流继电器、蝶阀完好。 （4）加油口、放油口阀无泄漏，施封完好。 （5）第Ⅰ、Ⅱ转向架制动指示器、弹停指示器安装及管按头良好，显示正确。制动状态红色。缓解状态绿色。 （6）库用照明插座（110 V）、辅电路库用插座（380 V）安装牢固，盖、锁闭装置良好，内部无灼痕。 （7）变压器油泵安装牢固，螺栓无松动，接线无脱落破损。 （8）进出油管、波纹管及阀连接法兰盘密封良好无泄漏，法兰螺栓紧固无松动。 （9）25 kV进线无破损，支架牢固无断裂。 （10）油流继电器表头安装牢固，接线无松动破损			
	地面信号感应器支架	信号感应器支架完好，安装牢固			
	扫石器	（1）扫石器安装牢固，螺栓无松动。 （2）夹板螺栓无松动，胶皮无破损。 （3）扫石器角钢底面距轨面高度符合规定，扫石器胶皮距轨面高度符合规定			

续表 5-2

项别	作业流程	作业标准	工具用品	作业时间	作业人员
3. 检查作业	钩尾框及附近	（1）钩尾销无窜动。 （2）缓冲器箱体丛板与钩尾框可视部位无裂纹。 （3）托板螺栓无松动。 （4）压溃装置弹簧箱安装牢固，压馈管安装螺丝无松动、无缺失	手账、手电、风险卡、抹布、本岗位禁动牌	50 min	机车检查员、机车保养员、轴报分析员 3 人
	转向架及附近	（1）端梁、中梁可视部位无裂纹。 （2）各风管卡子无松动。 （3）抗蛇行油压减震器体无漏油，安装螺母牢固无松动，上座及托板无裂纹，上罩与体不接磨。 （4）冷却塔排风口无堵塞、无破损。 （5）各风管接头完好无泄漏。 （6）低位斜牵引杆、牵引座、防脱穿销、牵引关节安装牢固、无裂纹。 （7）变压器吊装螺丝无松动，穿销开口销完整，防爆阀（压力释放阀）、放油阀无漏油			
	齿轮箱	（1）齿轮箱无裂纹、漏油；齿轮箱轴承温度正常，测温纸清晰可见，温度不高于93℃。 （2）加油口、放油堵齐全无丢失，油位符合规定。 （3）齿轮箱合口螺栓、安装螺栓无松动。 （4）抱轴轴承温度正常，测温纸清晰可见，温度不高于88℃			
	牵引电机上部	（1）电机通风罩无破损，合口卡子无松动。 （2）电机母线无老化、破损，夹板螺栓齐全、牢固。 （3）接线无松动			
	牵引电机悬挂装置	电机悬挂装置安装板、吊杆、安全托无裂纹，安装螺栓无松动，吊杆、橡胶球关节无老化、裂纹			
	牵引杆	（1）牵引杆安装牢固，无裂纹。 （2）球型橡胶关节无老化龟裂。 （3）压盖螺栓紧固，8字型防缓绑扎良好。 （4）钢丝绳无破损，穿销良好			
	牵引电机端部	（1）电机通风网无破损、堵塞。 （2）轴承加油堵无丢失。 （3）电机温度传感器安装牢固。 （4）电机速度传感器安装牢固			
	其他工作	按规定对机车走行部重点螺栓漆封进行擦拭，检查防缓状态			

续表 5-2

项别	作业流程	作业标准	工具用品	作业时间	作业人员
3. 检查作业	安全卡控措施	（1）作业前，机车降弓，机车电钥匙取下、换向手柄取下、操纵端单阀全制位挂本岗位禁动牌、自阀重联位插定位销、实施弹停，确认机车防溜状态良好且无移动可能后，方可作业。 （2）上、下地沟，必须走固定台阶；地沟检查注意安全。 （3）检查作业完毕，亲自取下本岗位禁动牌。 （4）严格按照作业路线检查作业。 （5）更换闸瓦作业，挂好本岗位禁动牌，做好机车防溜，关闭相关制动缸塞门，断开蓄电池脱扣	手账、手电、风险卡、抹布、本岗位禁动牌	50 min	机车检查员、机车保养员、轴报分析员3人
4. 给油作业	齿轮箱	给油处所：齿轮箱注油孔。 油脂型号：Optigear RMO。 给油周期：日常。 给油标准：根据油尺指示（中刻线与上刻线之间），约4.5L每轴。检查补油。 注： （1）油位必须在中刻线与上刻线间，超出齿轮箱油表时，需放油处理。 （2）齿轮箱注油孔堵、放油堵打开后，必须更换垫圈，并紧固良好，检查无漏油迹象。 （3）油孔堵垫圈、放油堵垫圈必须用厂家提供专用品，每次作业后必须进行更新	油脂、注油器、手帐、抹布、手电、风险卡、本岗位禁动牌	10 min	机车保养员1人
	车钩钩舌销	给油处所：车钩钩舌销。 油脂型号：轴承润滑脂。 给油周期：日常。 给油标准：适量给油，达到灵活转动即可，检查补油			
	车钩托板	给油处所：车钩托板给油。 油脂型号：轴承润滑脂。 给油周期：日常。 给油标准：摩擦面保持油润，检查补油			
	车钩钩提杆	给油处所：车钩钩提杆给油。 油脂型号：轴承润滑脂。 给油周期：日常。 给油标准：保持油润活动灵活，检查补油			
	安全卡控措施	（1）作业前，机车降弓，机车电钥匙取下、换向手柄取下、操纵端单阀全制位挂本岗位禁动牌、自阀重联位插定位销、实施弹停，确认机车防溜状态良好且无移动可能后，方可作业。 （2）上、下地沟，必须走固定台阶；地沟检查注意安全。 （3）检查作业完毕，亲自取下本岗位禁动牌			

续表 5-2

项别	作业流程	作业标准	工具用品	作业时间	作业人员
5. 信息反馈	信息反馈	（1）认真填记本职名手账，要随时记录检查机车中发现的质量问题。 （2）机车检查作业完毕后，将检查中发现的全部问题及时填记在机统-6上。 （3）按要求填记相关的普查记录。 （4）如遇机车重大质量问题，要及时向带班主任、质检员反馈，并拍照	机统-6票、对讲机、风险卡、照相机	5 min	机车检查员、机车保养员 2 人
6. 交班	参加收工会	总结当班工作情况，听取带班干部总结经验教训			机车检查员、保养员 2 人

5. 安全项点

（1）作业前按规定着装佩戴安全帽及防护用品。

（2）机车必须处在受电弓降弓状态下，必须将本岗位的禁动牌挂在机车操纵端的单阀上，方可检查机车，作业结束后及时取下禁动牌。

（3）同组作业人员必须执行同出同归制度，按规定路线行走。

（4）作业中严禁横跨地沟，严禁跳上跳下及攀爬地沟。

（5）如地沟内积雪、冰或积水影响作业安全时，及时清除后方准进行作业。

（6）各部件检查完毕，各阀、手柄等应恢复定位，各防护罩及盖等恢复原位。

（7）更换闸瓦时，必须严格执行相关安全规定。

6. 其他事项

（1）各职人员因年休、病、事假等原因需休假时，必须提前 24 h 向主管副主任提出申请，经批准后，方可休假，车间主管副主任安排其他班相同职名人员替班，并对替班人员负责，严禁安排不同职名人员替班顶岗。

（2）对新职人员的卡控。

① 新职人员上岗前，必须经过相关部门培训考试合格后，持证上岗。经车间岗位安全风险培训合格，发放风险卡，持卡上岗。培训内容：《机车走行部检查保养作业指导书（和谐型电力）》、段及车间安全形势、风险卡学习及事故案例学习、岗位作业标准及作业流程、局及段各项管理办法、两违考核标准、熟悉作业现场、整备场安全走行路线、作业安全、人身安全等，遇特殊情况可适当增加培训内容。

② 新职人员上岗后，由带班主任负责，对该名职工进行严格监督，并进行安全、作业指导，辅助其尽快能够独立作业。

③ 车间主管副主任负责，对培训内容及考评结果进行存档，内容要细致、准确、真实，档案要长期保存。

7. 风险卡及解读

（1）部件脱落：各部螺栓紧固良好，开口销开度良好、齐全，防缓标记正常；机车车梯子、扫石器支架无松动、裂纹；各感温贴指示正常。

（2）漏检缺油：机车齿轮箱油位必须符合标准，油位不足，会造成齿轮润滑不良。

（3）人身伤害：作业前确认机车在降弓状态，禁动牌挂放标准，地沟作业两端放好防护设施。

（四）机车整备动车

1. 作业目的

规范库内动车日常作业行为，指导机车动车作业程序和转线动车标准，使之优质高效地完成生产任务；在作业中掌握安全注意事项，落实风险环节控制，作业中做到自控、互控，在保证质量的同时，确保人身安全。

2. 作业环境

1）作业时间

根据作业情况确定作业时间。

2）禁止作业因素

（1）机车制动系统故障，严禁动车作业。

（2）电务人员、乘务员、机车地检司机等进行机能、制动机试验时，严禁动车作业。

（3）机车操纵端单阀上挂有禁动牌时，严禁动车作业。

（4）防溜措施未撤除或撤除不全，严禁动车作业。

3）作业必备条件

（1）确认机车制动系统必须良好，各风表压力正常。

（2）作业完毕，确认各部无人（机车外走廊部位不许停留人员），没有禁动牌防护的情况下方准动车作业。

（3）防溜措施全部撤除。

3. 作业范围

（1）单机动车转线。

（2）库内动车作业。

（3）防溜作业。

4. 作业流程及呼唤应答标准

1）流程标准

表 5-4　机车整备动车流程标准

项别	作业流程	作业标准	工具用品	作业时间	作业人员
1.接班	参加班前会	参加班前会，按规定着装，持《铁路岗位培训合格证书》和驾驶证（班组统一存放）、风险卡上岗，听取本班重点工作安排，做好班前生产安全预想	对讲机、检点锤、手账、信号手电、风险卡、禁动牌	工具检查用时 5 min	所有地检（外勤）司机、机车保养员
	工具检查	检查试验对讲机、信号手电状态良好			地检（外勤）司机、机车保养员 2 人

续表 5-4

项别	作业流程	作业标准	工具用品	作业时间	作业人员
	非正常情况	（1）地检司机替班上岗时，替班人员必须具有动车资质，有培训、考试合格证书。 （2）对讲机电量不足时要立即进行充电，如发现故障不能使用时要立即启用备用对讲机。 （3）遇雨、雪等不良天气，要做好个人防护工作。 （4）信号故障时，无相关人员领车时不准动车			
2.出场	接到通知及时出场	（1）接到通知立即按规定佩戴安全防护用品，带好相关工具，列队共同出场。 （2）按安全线路行走	对讲机、检点锤、手帐、信号手电、本岗位禁动牌、IC卡、风险卡	用时5 min	地检（外勤）司机、机车保养员2人
	安全卡控措施	（1）按规定佩戴安全防护用品，带好相关工具和本工种的禁动牌。 （2）按规定安全走行线路到指定位置，列队站齐，确认作业职场安全后再动车。 （3）动车（电力机车升降弓）、试闸、电器试验要严格执行"一呼、二看、三鸣笛、四操作"制度。动车（电力机车升弓）前，必须确认作业人员全部撤离后，方可鸣笛动车，并要严格遵守各项限制速度和各种规定，动车前静态试验单阀作用良好。 （4）转线动车时必须二人同时瞭望，严格执行车机联控制度			
3.动车作业	接车及动车到位	（1）按规定输入监控器数据，进入"出入库"模式。 （2）对机车进行单阀制动力试验。 （3）彻底撤除防溜措施。 （4）确认机车无作业人员	对讲机、检点锤、手帐、信号手电、本岗位禁动牌、IC卡、风险卡	根据作业情况确定作业时间	地检（外勤）司机、机车保养员2人
	动车过程	（1）与信号楼进行联控，确认信号、道岔。经过手扳道岔时，要严格执行"要道、还道"制度。 （2）动车前执行"一呼、二看、三鸣笛、四操作"制度。 （3）库内走行，严守规定速度，认真瞭望，执行呼唤应答制度。 （4）换端作业时，严格执行作业标准。 （5）机车在转盘上停车时，单阀全制位，动车人员要坚守岗位，严禁做其他无关事情。 （6）停车后做好防溜措施			
	非正常情况	（1）6502 设备遇停电时的作业：有计划的停电时，由外勤值班员负责，提前对二路电源的状态进行检查，发现不良及时通知相关部门处理。在停电后及时转换。临时停电时，由外勤值班员负责，查明原因，如无其他原因，经带班副主任同意，可转换二路电源工作。 （2）电力机车在终端标处的作业。在有接触网终点的线路上调车时，应控制速度，机车距接触网终点标应有 10 m 的安全距离，保证后弓进、前弓出			

续表 5-4

项别	作业流程	作业标准	工具用品	作业时间	作业人员
4.记录填记	记录填记	（1）认真填记司机手账，要记录相关数据。 （2）动车作业结束后将机车转至指定停留地点对监控数据进行转储，将转储卡交给信息员上传数据	手账、风险卡	用时 10 min	地检（外勤）司机、机车保养员 2 人
5.信息反馈	信息反馈	（1）发现机车较大质量问题，及时通知带班主任、质检员进行确认，并拍照。 （2）动车转线过程中，发现问题要及时提机统-6 票，通知调度员、带班主任	对讲机、电话、风险卡	用时 5 min	地检（外勤）司机、机车保养员 2 人
6.参加交班	参加收工会	（1）要认真做好记录，将班中的注意事项和尚有遗留的工作做好记录，并同接班人员做好交接。 （2）清理好工具备品，清洁、完好、整齐摆放到指定位置。 （3）总结当班工作情况，听取带班干部总结			所有地检（外勤）司机、机车保养员

2）整备库内一次调车作业呼唤应答标准

（1）同一调车进路必须一次排妥；特殊情况必须分段排列时，应在联控用语后加入"注意在××调号（信号机）前停车"的用语。

（2）遇机车走行线或转线去机待线（或其他线路）停留，走行线、机待线（或其他线路）上已有停留的机车（车辆）时，应在联控用语后加入"注意×道上已有机车（车辆）停留"。

（3）全部以调车信号锁闭调车进路的用语为"……调车信号好（了）"；锁闭的调车进路有部分进路使用道岔单锁或只有光带锁闭无调车信号时用语为"……调车进路好（了）"，如原路返回、压信号折返等情况。

作业联控用语如下：

（1）单机或牵引运行时的联控用语。

表 5-5 单机或牵引运行作业联控用语

呼叫时机	作业用语		
	作业人	信号楼人员	司机
调车信号开放后（含非集中区向集中区）	呼叫人	××（型）××（号）机车，库内×道（线）去×道（线）调车信号（进路）好（了）	
	被呼叫人		××（型）××（号）机车，库内×道（线）去×道（线）调车信号（进路）好（了），司机明白

（2）推进运行时的联控用语。

表 5-6　推进运行作业联控用语

呼叫时机	作业人	作业用语		
		信号楼作业人员	外勤调度员（或调车员）	司　机
调车信号开放后（含非集中区向集中区）	呼叫人	××（型）××（号）机车，库内×道(线)去×道(线)调车信号（进路）好（了）		
	被呼叫人		××（型）××（号）机车，库内×道（线）去×道（线）调车信号（进路）好（了），外勤（调车员）明白	
	复诵人			××（型）××（号）机车，库内×道（线）去×道（线）调车信号（进路）好（了），司机明白

（3）调车信号开放后，信号楼未执行指路式联控时的联控用语。

表 5-7　信号楼未执行指路式联控用语

呼叫时机	作业人	作业用语	
		司机（外勤调度员或调车员）	信号楼作业人员
调车信号开放后，信号楼未执行指路式联控时	呼叫人	机务段信号楼，库内××（型）××（号）机车询问调车进路	
	被呼叫人		××（型）××（号）机车，库内×道（线）去×道（线）调车信号（进路）好（了）
	复诵人	××（型）××（号）机车，库内×道（线）去×道（线）调车信号（进路）好（了），司机（或外勤、调车员）明白	

（4）集中区调车作业通报停车位置时的联控用语。

① 单机或推进运行时。

表 5-8　单机或推进运行作业联控用语

呼叫时机	作业人	作业用语	
		司　机	信号楼作业人员
到达停车地点通报停车（折返）位置时	呼叫人	机务段信号楼，库内××（型）××（号）机车已到达停车（折返）地点	
	被呼叫人		机务段信号楼明白

注：集中区向非集中区作业时，出清集中区进路时要通报停车地点。

② 牵引运行时。

表 5-9 牵引运行作业联控用语

呼叫时机	作业用语		
	作业人	外勤调度员（或调车员）	信号楼作业人员
到达停车地点通报停车（折返）位置时	呼叫人	机务段信号楼，库内××（型）××（号）机车已到达停车（折返）地点	
	被呼叫人		机务段信号楼明白

5. 安全项点

（1）动车前，对机车进行相关检查时，电力机车必须处在受电弓降弓状态下，内燃机车必须停机状态。

（2）机车准备移动前，进行单阀静态制动试验；动车后，进行单阀制动力试验，确保机车制动作用良好。

（3）发现车上挂有禁动牌、安全防护措施未撤除时，严禁动车作业。

（4）出场、离场必须行走安全固定路线。

（5）电力机车办理隔离作业时，动车人员严格执行相关安全规定。

6. 其他事项

（1）各职名人员因年休、病、事假等原因需休假时，必须提前 24 h 向主管副主任提出申请，经批准后，方可休假，车间主管副主任安排其他班相同职名人员替班，并对替班人员负责，严禁安排不同职名人员替班顶岗。

（2）对新职人员的卡控

① 新职人员上岗前，必须经过相关部门培训考试合格后，持证上岗。经车间岗位安全风险培训合格，发放风险卡，持卡上岗。培训内容：段及车间安全形势、风险卡学习及事故案例学习、安全风险预想、岗位作业标准及作业流程、段及车间各项管理办法、两违考核标准、熟悉作业现场、整备场安全走行路线、作业安全、人身安全等。

② 新职人员上岗后，由带班主任负责，对该名职工进行严格监督，并进行安全、作业指导，辅助其尽快能够独立作业。

③ 车间主管副主任负责，对培训内容及考评结果，进行存档，内容要细致、准确、真实，档案要长期保存。

7. 风险卡及解读

（1）调车事故：转线要掌握经路和停留位置，动车前联控、同侧确认信号执行双凭证；运行中严守速度顶住信号道岔呼唤确认，发现异常立即停车。

（2）窜车隐患：在启机前先检查供油齿条、供油拉杆不能有卡滞，断开控制电路，防飞车、防窜车。

（3）溜逸隐患：制动良好后撤防溜、送车，停车后做好防溜再停机（电车降弓）锁好门窗送钥匙；整备中机车停留自阀减压后置中立、小闸全制位放禁动牌；挂车、摘头（压钩停稳后提钩），确认它车必须制动。

（4）弓网事故：电车升弓先确认风表压力，压力不足辅助风泵打风；库房、尽头线后弓进、前弓出。

（5）冒号挤岔：库内运行集中瞭望、不能做与工作无关事情，认真执行呼唤应答，信号看不清立即停车。信号前停车保留 10 m 安全距离。

（6）人身伤害：横越线路"一停二看三通过"、机车作业时挂禁动牌；换闸瓦时关制动缸塞门；动车前站立确认机车前方、周边无人后，鸣笛动车。

（五）整备作业人身安全防控

1. 防控目的

规范整备系统干部职工日常作业行为，指导整备作业中的安全卡控注意事项，确保人身安全，有效防止人身伤亡事故的发生。

2. 作业时间

整备系统干部职工当班期间。

3. 适用范围

整备系统所有干部职工。

4. 具体防护措施

整备作业人身安全防控措施以"五防"为主，即防人身感电伤害、防机车伤害、防他人伤害、防高空坠落伤害、防变化因素伤害。

表 5-10　整备作业人身安全防控措施

五防	项点	防护措施
1. 防人身感电伤害	1）防止牵车作业人身伤害	（1）机车牵入整备作业区时，必须在牵车外方规定位置设置明显的停车显示标识，机车在规定位置对标停车后断主断、降弓，并采取制动防溜措施。机车牵出整备作业区时，必须在机车牵出方向设置明显的停车显示标识，确保机车在无电区内出清后，整备机车方准按规定办理牵车作业结束手续。 （2）设备操作员必须经考试合格并持有设备操作证，方准进行操作，必须严格遵守有关安全制度。 （3）每班开工前，必须对无电区接触网进行验电；绝缘防护用品齐全无破损，检验标签齐全不得超期。 （4）确认牵车电源柜钥匙、牵车电源开关钥匙、登顶门钥匙齐全，并与办理牵车作业股道一致。 （5）所有登顶人员必须按规定着装。穿绝缘鞋，并佩戴安全带和安全帽。 （6）登顶作业时，牵车电源柜钥匙、牵车电源开关钥匙、登顶门钥匙必须由登顶人员随身携带。 （7）机车顶部有积雪、冰或积水时，要及时清除后，方准登顶作业。 （8）登顶作业时，安全带必须挂在接触网或顶部安全绳上，严禁挂在机车大顶吊环或其他部位。 （9）离开车顶前必须认真检查，防止工具、备品及部件遗留在车顶。 （10）牵车机设备不良或其他原因需停止办理牵车作业时，应及时填记《牵车作业停办、恢复记录簿》，当设备恢复正常准备办理作业前，应在《牵车作业停办、恢复记录簿》中予以销记，相关干部签字确认

续表 5-10

五防	项点	防护措施
1.防人身感电伤害	2）防止接触网下作业触电	（1）升弓状态下，严禁进行机车检查及保洁作业。 （2）在电力机车整备场，除专业人员按规定作业外，所有职工所携带的物体（如长杆、导线等）与接触网设备的带电部分，必须保持2 m以上的距离。 （3）ND5型等外走廊机车，严禁在接触网下修活。 （4）雨天接触网下禁止打铁柄雨伞。 （5）在接触网下严禁进行油罐车、叉车、铲车等作业
	3）防止车顶作业感电	（1）整备场任何地点严禁通过机车天窗登顶。 （2）统一机车天窗钥匙的管理，检修部门只备一把钥匙存放在检修车间主任处，整备车间不得备有天窗钥匙。 （3）机车出检修库前，机车车顶天窗必须锁闭；机车上能够攀登到车顶的梯子、走台板等所要设有"高压危险，禁止攀登"警示标志
	4）防止高压作业感电	（1）电力机车严禁任何人员私自存有高压柜门钥匙、机车钥匙。 （2）在未降弓、断电、取电钥匙、放电的情况下，严禁处理机车高压电器故障，处理电器故障作业者必须携带机车电钥匙。 （3）电力机车升弓状态下，机械间各柜门必须处于锁闭状态。 （4）未断开电器开关严禁进行更换保险作业。 （5）整备机车必须在机车停机（降弓），挂好禁动牌后，方可进行整备作业或处理机车故障。 （6）机车直供电试验，插拔直供电插头时必须在确认降弓后进行
2.防高空坠落伤害	1）登高要求	（1）在登高2 m以上处所作业（特别是油罐、油槽车存油测量等），必须佩戴安全带，其尾绳长度禁止超过2 m，安全带必须固定在牢固适当的位置。 （2）上下登高台时逐级上下台阶，严禁跨越，防止跌倒，下部作业人员必须戴好安全帽
	2）职场要求	（1）作业职场有积雪、积冰或水时，必须清除后再作业。 （2）定期对高空作业的工作台、擦车架及安全带检查，及时消除设备隐患
	3）作业要求	（1）机车登顶作业严禁将工具、备品等放在机车上部或擦车架上，防止坠落伤人。 （2）更换机车雨刷，瞭望玻璃，保洁机车大玻璃应做好安全防护措施，防止脚滑坠落。 （3）通过地沟时，要绕行或通过地沟渡板，禁止攀爬跨越。 （4）登高作业现场应有干部监督
3.防机车伤害	1）出入职场	（1）在整备职场划定安全固定路线，作业人员按规定安全路线行走；横越线路时，一停二看三通过，停留机车前5 m绕行，严禁钻、跨，机车移动禁止抢行。 （2）凡是在段内机车整备线、机车走行线上或侵限进行清扫道岔、除冰、除雪、除草及捡拾垃圾等作业时，必须执行同出同归、联防互控制度，现场必须设安全防护人员。 （3）机车车辆检修、检查机车、道岔清扫、线路除冰除雪等作业人员在邻线来车时，必须停止作业并在安全地点列队站立，面向线路。 （4）严禁在机车底下、端部，在道心、枕木头上坐卧、行走；严禁在线路上或临近线路作业时接打手机
	2）现场作业	（1）机车入库整备作业时，机车未停稳、未采取防护设施时，禁止上下机车；作业人员禁止飞乘飞降，防止刮碰。 （2）上下机车严禁双手持物，同时面向机车；开关机车各处门时严禁手扒门框，防止挤伤

续表 5-10

五防	项点	防护措施
3. 防机车伤害	2）现场作业	（3）机车整备作业时单阀必须在全制位，做好机车防溜工作；机车整备完毕动车前，必须下车巡视，确认机车周围及地沟内无人、确认禁动牌及各种防护设施已经撤除后方可鸣笛动车；动车前应先提手柄后缓解机车制动，防止倒溜；转线过程中注意瞭望，严格控制速度，遇危即停。 （4）连挂作业中连挂人员严禁脚踹车钩或侵限。 （5）机车长时间处理故障或长时间停留时，必须做好机车防溜工作，防止机车溜逸造成人身伤害。 （6）现场作业人员冬季戴防寒帽必须有听耳孔，并且听耳孔外露，作业时，禁止戴色镜。
4. 防他人伤害	1）"禁动牌"管理	"禁动牌"实行按编号专人使用、专人管理的办法。整备车间应根据班组设置情况，统一对"禁动牌"进行编号并由各整备作业组组长管理。原则规定各车间"禁动牌"应至少设置 10 种，分别为：地检走行部、地检电气、地检柴油机、地检给油、保洁、受电弓、轮缘测量、质检员、地检司机、行修。具体要求如下： （1）机车整备作业时必须在机车关键部位设立"禁动牌"；无"禁动牌"严禁作业；挂有"禁动牌"的部位任何人严禁操纵；同时"禁动牌"实行"谁挂牌谁撤牌"的制度。 （2）机车停机后作业人员在机车内作业时，"禁动牌"挂在断开的蓄电池闸刀上（HXD3 型机车除外）；在起机作业时均挂在"0"位操纵手柄上。机车下部检查及保洁作业时、行修作业时"禁动牌"挂在单阀全制动后的手柄上。 （3）对出场作业人员按工种对禁动牌进行分类，秉着"谁作业，谁摘挂"的原则进行管理，严防人身伤害风险。机车动车前，地检司机与安全防护员必须确认"禁动牌"已全部撤出，对车上、车下进行巡视，确认无人后方可动车
	2）整备交叉作业	整备部门与电务、检修、厂家等部门的交叉作业，要求： （1）库内取车时，整备人员应确认各有关人员处于安全位置及机车止轮后，方可起机，以防止起机、车动伤人。 （2）整备人员送车入库时要拧紧手闸，做好止轮。 （3）行修作业时，应按规定做好相应防护措施，其他人员不可私自撤除。 （4）整备机车更换闸瓦时，必须关闭相关塞门。 （5）内燃机车检查内部运动部件时，必须停机作业。 （6）电力、内燃机车机能试验时，机械间禁止维修作业；整备部门与电务、厂家等部门签订协议，明确没有机务人员监护，严禁电务人员、厂家等人员私自上机车作业
5. 防非正常伤害	1）不良天气	（1）遇雷、雨、雪、雾、大风（5级及以上）天气等恶劣天气时禁止办理隔离作业。 （2）遇雨、雪等不良天气，穿戴好防护用品
	2）产生新职、替班情况	（1）新职人员上岗前，必须经过相关部门培训考试合格后，持证上岗。经车间岗位安全风险培训合格，发放风险卡，持卡上岗。培训内容：段及车间安全形势、风险卡学习及事故案例学习、安全风险预想、岗位作业标准及作业流程、段及车间各项管理办法、两违考核标准、熟悉作业现场、整备场安全走行路线、作业安全、人身安全等。 （2）新职人员上岗后，由带班主任负责，对该名职工进行严格监督、并进行安全、作业指导，辅助其尽快能够独立作业

续表 5-10

五防	项点	防护措施
5. 防非正常伤害	3）非本段人员作业	外来施工、售后、技术人员、喷漆人员及长期在车间工作的其他人员管理，由安全科组织培训，接待部门负责日常的监督提示，防止出现人身伤害
	4）应急预案	整备车间制定相应的应急预案，日常做好演练，明确发生非正常整备作业时，车间主管领导必须到现场亲自进行组织，确保人身安全

（六）整备机砂检查补加作业

1. 检查目的

规范整备车间上砂工日常作业行为，指导机车机砂检查、补加等作业程序和作业标准，充分掌握作业安全注意事项，规避风险，超前防范，严格做到自控、互控、机控、他控，确保作业人员人身安全同时，使机车机砂充足达到良好状态。

2. 作业环境

1）作业时间

正常情况下，机砂补加作业时间在 10 min 以内。遇特殊情况时，比如砂箱机砂全部放尽等一些特殊情况，作业时适当增加时间。

2）禁止作业因素

机车未停稳及未采取制动措施的情况下，严禁作业。

3）作业必备条件

（1）作业必须确认砂质状态良好。

（2）机车机砂补加前，上砂工在机车操纵端前方设置地面防护装置或车上挂禁动牌后，方可进行机砂补加作业。

3. 检查范围

检查各砂箱砂量。

4. 流程标准

表 5-11 整备机砂检查补加作业流程标准

项别	作业流程	检查标准	工具用品	作业时间	作业人员
1. 接班	参加班前会	参加班组班前会，听取本班重点工作安排，做好班前生产安全预想，按规定着装，持《铁路岗位培训合格证书》（班组统一存放）、风险卡上岗	撮子、漏斗	检查工具用时 2 min	机车整备工
	检查工具设备	（1）安全帽、防护手套齐全完好。 （2）了解储砂量和机砂质量，清点工具备品，检查职场环境卫生			
	非正常情况	（1）检查人员替班上岗时，替班人员必须由高职替低职，必须具有机车机砂补加资质，有培训、考试合格证书。 （2）遇雨、雪等不良天气，穿戴好防护用品			

续表 5-11

项别	作业流程	检查标准	工具用品	作业时间	作业人员
2. 出场	接到通知及时出场	接到机车入库整备的通知后，及时出场做到人等车	撮子、漏斗	2 min	机车整备工
	安全卡控措施	（1）按规定佩戴安全防护用品，带好相关工具。 （2）按规定安全走行路线到达机车整备的指定位置，确认机车采取制动措施，地面防护装置正常防护或悬挂禁动牌后，进行砂箱机砂检查、补充作业			
3. 机砂检查补加作业	砂箱检查	（1）检查机车砂箱砂量，货运机车满砂，客运机车砂箱不少于三分之二。 （2）检查砂箱内砂质状态，有无异物，确保机砂质量良好	撮子、漏斗	10 min	机车整备工
	机砂补加	（1）打开砂箱盖，加入规定规格的机砂到规定位置。 （2）加砂过程中应做到：一及时、二上满、三不漏、四不撒。 （3）加完机砂后及时锁闭砂箱孔盖			
	撤除防护设备	机砂补加完毕后，撤除防护设备，放置到规定位置			
4. 信息反馈	质量信息反馈	如遇机砂不足时，及时向带班干部反馈		5 min	机车整备工
5. 交班	参加收工会	总结当班工作情况，听取带班干部总结经验教训			本班全员

5. 安全项点

（1）作业前按规定着装佩戴安全帽及防护用品。作业必须按规定设置防护设备。

（2）必须按规定路线行走。

（3）作业中严禁横跨地沟，严禁跳上跳下及攀爬地沟。

（4）作业完毕，及时撤除防护设备，砂箱加砂口盖等恢复原位。

6. 其他事项

1）各职名人员因年休、病、事假等原因需休假时，必须提前 24 小时向主管副主任提出申请，经批准后，方可休假，车间主管副主任安排其他班相同职名人员替班，并对替班人员负责，严禁安排不同职名人员替班顶岗。

2）对新职人员的卡控

①新职人员上岗前，必须经过相关部门培训考试合格后，持证上岗。经车间岗位安全风险培训合格，发放风险卡，持卡上岗。培训内容：段及车间安全形势、风险卡学习及事故案例学习、安全风险预想、岗位作业标准及作业流程、段及车间各项管理办法、两违考核标准、熟悉作业现场、整备场安全走行路线、作业安全、人身安全等。

②新职人员上岗后，由带班主任负责，对该名职工进行严格监督、并进行安全、作业指导，辅助其尽快能够独立作业。

③车间主管副主任负责，对培训内容及考评结果，进行存档，内容要细致、准确、真实，

档案要长期保存。

7. 风险卡及解读

人身伤害：作业先把隐患查，确认防护再作业。横越线路左右看，上下机车抓得牢。

（七）整备制动系统检查试验作业

1. 检查目的

规范 HXN、HXD 型机车整备制动系统（CCBⅡ）作业行为，指导整备机车的制动系统检查、试验工作，确保线上行车安全；在作业中掌握安全注意事项，落实风险环节控制，保证整备后的机车质量。

2. 作业环境

1）作业时间

机车制动机试验及制动系统部件检查，时间不得少于 25 min。

2）禁止作业因素

（1）机车进行走行部检查时，严禁试验。

（2）电务人员作业、行修人员修复制动系统故障时，严禁试验。

（3）机车操纵端单阀上挂有禁动牌情况下，严禁试验。

3）作业必备条件

制动机试验时，内燃机车必须在起机状态下，电力机车在升弓状态下，总风压力达到规定值情况下进行。

3. 检查范围

（1）机车风源净化设备作用良好；

（2）制动系统各部件无故障；

（3）冬季机车各部防寒设备作用良好，总风缸排水；

（4）制动机试验。

4. 流程标准

表 5-12　整备制动系统检查试验作业流程标准

项别	作业流程	作业标准	工具备品	作业时间	作业人员
1. 接班	参加班前会	参加班组班前会，听取本班重点工作安排，做好班前生产安全预想，按规定着装，持《铁路岗位培训合格证书》与驾驶证（班组统一存放）、风险卡上岗	对讲机、检点锤、手帐、手电、抹布、风险卡、数据转储卡	10 min	地检司机 1 人
	工具检查	（1）检查试验对讲机、手电、检点锤状态良好，电池电量充足。 （2）按规定着装（段发统一工作服），穿戴好安全帽、手套等防护用品		5 min	

续表 5-12

项别	作业流程	作业标准	工具备品	作业时间	作业人员
1.接班	非正常情况	（1）地检司机替班上岗时，替班人员必须由具有地检司机资质，有培训、考试合格证书。每人配备个人《机车检查工作手册》，记录机车检查情况。 （2）对讲机电量不足时要立即更换电池，进行充电，如发现故障不能使用时要立即通知地检工长启用备用对讲机。 （3）遇雨、雪等不良天气，要穿戴雨衣、雨靴。	对讲机、检点锤、手帐、手电、抹布、安全帽、风险卡、数据转储卡	5 min	地检司机1人
2.出场	接到通知及时出场	（1）接到通知立即按规定佩戴安全防护用品，带好相关工具和本工种的禁动牌出场 （2）按规定安全走行线路到所检查机车的指定位置			
	安全卡控措施	（1）按规定佩戴安全防护用品，带好相关工具和本工种的禁动牌。 （2）按规定安全走行线路到所检查机车的指定位置，列队站齐，待禁动牌挂好后，确认作业职场安全后开工。 （3）启机、停机、升弓、试验严格执行"一呼、二看、三鸣笛、四操作"制度			
3.检查作业	制动系统检查	1）制动系统检查 （1）制动软管/总风缸平均管/制动缸平均管折角塞门、截断塞门状态良好，各部无漏风，软管无老化龟裂、试验期不超过3个月、与机车中心线夹角45°，连接器无缺陷，胶圈无老化、丢失、口面与地面垂直；更换制动软管后，调整角度并测量距轨面高度符合标准；确认制动软管挂放牢固。 （2）单元制动器安装状态良好，各紧固螺栓紧固良好无松缓，垫片齐全；来风管及软管接头、支架、卡子安装螺栓紧固良好无松缓，风管路无漏泄；闸瓦钎及定位锁安装状态良好，闸瓦安装正确，无裂纹，厚度不少于13 mm，闸瓦与踏面间隙6～8 mm。 （3）空气干燥器安装牢固，各安装螺丝无松动，电源接线外观完好，风管接母无松动漏风，湿度指示器显示应为蓝色。 （4）自动放水阀安装牢固、无渗漏，止阀位置正确。空气滤清器安装牢固，排污阀作用良好。 （5）总风缸吊挂无裂折，安装螺栓牢固无松缓，风缸体、来风管及出风管无漏风；排水阀作用良好，防护罩无开焊，外观无变形。 （6）制动缸、停放制动风缸来风管接头无松动、漏风，连接软管无破损。 （7）电子制动阀（EBV）作用良好，位置正确；紧急放风阀支架、手柄齐全，铅封良好，位置正确。 （8）停放制动塞门无漏风，作用良好，风管卡子无松动； （9）空气压缩机组各部安装牢固、螺丝齐全，接线无松脱，各管连接良好、无泄漏，油位表清晰，油位符合标准，加油口盖紧固，无丢失；空压机送风管塞门位置正确	对讲机、检点锤、手帐、手电、抹布、安全帽、风险卡、数据转储卡	共计用时25 min	地检司机1人

续表 5-12

项别	作业流程	作业标准	工具备品	作业时间	作业人员
3.检查作业	制动机试验步骤	2）CCBⅡ型制动机试验 第一步： 在试验制动机前，应通过司机室显示电脑对制动机进行正确的设置，设置后的均衡风缸压力为 500 kPa、列车管压力为 500 kPa；总风缸压力为 750～900 kPa。 （1）自阀置于初制动位，列车管减压 40～50 kPa，制动缸压力 100 kPa； （2）待制动稳定后，自阀手柄在制动区移动 3～4 次至全制动位，检查阶段制动是否稳定，有无惩罚制动出现，列车管减压 155～185 kPa（列车管每减压 20 kPa，制动缸压力增加 50 kPa），制动缸压力 360～420 kPa；单独制动阀进行单缓，应能将制动缸压力缓到"0"，且压力不回升； 第二步： （3）自阀手柄移至运转位； （4）待列车管充满风后，自阀手柄移至全制动位，列车管减压量 155～185 kPa，制动缸压力 360～420 kPa； （5）自阀手柄移至运转位；将自阀移至抑制位，列车管减压量与制动缸压力同全制动位； 第三步： （6）自阀移至运转位，待列车管充满风，将自阀手柄移至重联位，列车管减压 400～470 kPa（一般情况下列车管压力为 80 kPa），均衡风缸压力为 0，制动缸压力 450 kPa，并能插入定位销； 第四步： （7）将自阀手柄移至运转位，待列车管充满风后，将自阀手柄移至紧急制动位，列车管压力应迅速降到"0"，撒砂作用良好；制动缸压力 450 kPa；FIRE 显示屏上的"风控开关"指示灯点亮；将单独制动阀向右压 6 s 以上，制动缸压力应能单缓到"0"，松开单独制动阀后，制动缸压力应回升到 450 kPa； （8）自阀在紧急制动位放置 60 s 后，移至运转位，确认列车管恢复定压，制动缸压力为"0"； 第五步： （9）单独制动阀在制动区移动 3～4 次到全制动位，检查阶段制动良否，制动缸压力能达到 300 kPa； （10）将单独制动阀移至运转位，制动缸压力应能降到"0"； （11）单独制动阀移至全制动位，制动缸压力为 300 kPa； （12）单独制动阀移至运转位，制动缸压力为 0。 制动机试验完毕，须插入数据转储卡，对试验数据进行转储；将机车停放制动塞门移至缓解位，准备动车	对讲机、检点锤、手帐、手电、抹布、安全帽、风险卡、数据转储卡	共计用时 25 min	地检司机 1 人

续表 5-12

项别	作业流程	作业标准	工具备品	作业时间	作业人员
	安全卡控措施	（1）检查机车时，地检司机要亲自将本岗位禁动牌挂在机车操纵端单阀上，确认机车无移动可能后，方可作业。 （2）作业完毕，确认无人作业后取下本工种禁动牌。 （3）机车启机状态下，操纵端司机室必须有人看守。 （4）HXN3 型、HXN5 型机车，隔离开关置于隔离位，单阀全制动位，自阀重联位插入定位销，停放制动装置置于作用位。按压 FIRE 显示屏上的空气制动键，选择本务、切入			
4. 记录数据	记录填记	（1）认真填记地检司机手账，要记录机车号、配属段、入库时间，随时记录检查机车中发现的质量问题。 （2）将检查中发现的全部问题及时填记在机统-6 上，通知地检调度员。 （3）机能试验数据上传	风险卡、数据转储卡	5 min	地检司机 1 人
5. 信息反馈	信息反馈	（1）发现机车较大质量问题，及时通知带班主任进行确认并拍照。 （2）制动机试验过程中，发现制动系统问题要及时通知地检工长和调度员，调度员通知行修组修复并通知质检员复验。事后要补提机统-6	照相机、电话、风险卡	5 min	地检司机 1 人
6. 交班	参加收工会	总结当班工作情况，听取带班干部总结经验教训，司机手账统一存放在手账箱内		2 min	

5. 安全项点

（1）机车停留位置处于坡道或接近警冲标处时禁止进行试验。

（2）机车换向手柄必须处于中立位或将手柄取下。

（3）机车出现制动机故障时，应立即拧紧手制动机。

6. 其他事项

（1）机车制动系统更换部件时，必须进行全部的机能试验。

（2）制动系统试验，只有机车检查员及以上资质的人员方可进行试验。

（3）对于引记的制动系统故障，入库后无现象时，没有检查结果严禁安排机车运用。

（4）对新职人员的卡控

①新职人员上岗后，带班主任、地检工长负责对该名职工进行严格监督、观察使用三个月，并安排专人对其进行辅导，辅助其尽快进入角色；试用期结束后，方可进行独立作业，如不胜任及时调整。

②主管副主任负责对新职人员全程跟班作业三个班次，如不胜任及时调整，要对培训内容及考评结果进行存档，内容要细致、准确、真实，档案要长期保存。

7. 风险卡及解读

（1）溜逸隐患：机车停留位置处于坡道时禁止进行试验，启机试验时确认防溜，换端确认制动良好。

（2）窜车隐患：检查人员不按程序检查试验，制动机作用不良没发现或动车前不试验制动；风管路水未排净，冻结造成制动失效。

（3）人身伤害：制动系统检查作业必挂禁动牌；换闸瓦时关闭塞门，试验过程做好防控。

表 5-13　CCBⅡ型制动机试验手柄位置及检查内容

步骤	设置	自动制动手柄						单独制动手柄			检查内容
		运转	初制	制动	全制	抑制	重联	紧急	侧缓	运转	制动	全制	
1	本机/不补风											1. 总风缸压力 750～900 kPa，制动缸压力 0，均衡风缸压力 500 kPa，制动主管压力 500 kPa； 2. 制动主管压力在 3 s 内降为 0，制动缸压力在 3～5 s 内升至 200 kPa，并继续增压至 450 kPa，均衡风缸压力降为 0，紧急制动 60 s 倒计时开始； 3. 制动缸压力下降为 0，手柄复位后制动缸压力恢复； 4. 60 s 倒计时结束后操作，制动主管、均衡风缸、制动缸压力不变
2	本机/不补风											5. 均衡风缸增压至 500 kPa，制动主管增压至 480 kPa 不大于 9 s，制动压力下降为 0； 6. 等 60 s 使系统各风缸充满风； 7. 均衡风缸在 5～7 s 减压到 360 kPa，制动主管减压到均衡风缸压力 ±10 kPa，制动缸 6～8 s 增压到 360 kPa； 8. 保压 1 min，均衡风缸压力泄漏不大于 7 kPa，制动主管压力泄漏不大于 10 kPa，制动缸压力变化不大于 25 kPa； 9. 各压力无变化； 10. 均衡风缸增压至 500 kPa，制动主管压力 500 kPa，制动缸压力下降为 0
3	本机/不补风											11. 充满风后，均衡风缸减压 50 kPa，制动主管减压到均衡风缸压力的 ±10 kPa，制动缸增压到 70～110 kPa； 12. 制动缸压力下降为 0，手柄复位后制动缸压力不恢复； 13. 均衡风缸以常用制动速率降为 0，制动主管减压至 55～85 kPa 后保持，制动缸增压至 450 kPa； 14. 均衡风缸增压至 500 kPa，制动主管压力 500 kPa，制动缸压力下降为 0
4	本机/不补风											15. 阶段制动，制动缸压力阶段上升，全制动制动缸压力 300 kPa； 16. 阶段缓解，制动缸压力阶段下降，运转位制动缸压力下降为 0； 17. 制动缸在 2～3 s 上升到 280 kPa，最终为（300±15）kPa； 18. 制动缸压力在 3～5 s 降到 35 kPa 以下； 19. 均衡风缸减压 100 kPa，制动主管减压到均衡风缸压力的 ±10 kPa，制动缸增压到 230～250 kPa

三、退勤作业

(1) 转储监控数据,确认车次齐全。

(2) 填记司机报单,对本次列车早晚点情况进行分析、记录。检查司机报单、司机手册填记情况,开好退勤小组会,总结一次乘务作业情况。

(3) 对运行中发生的非正常情况,按规定填写"机调十",反映真实情况、协助分析。

(4) 机班全员到退勤调度员处退勤,交回列车时刻表、司机报单(整备车间加盖"准许退勤/××整备"章)、机车乘务员乘前休息证明书、司机手册、运行揭示(施工明示图)、手持电台及调车作业通知单、书面调度命令、非正常行车凭证及通知书等。机车乘务组人员不齐时,不得退勤。

(5) 司机:××次(调)机班退勤。机班按压指纹退勤,进行测酒,监控文件上网,退勤调度员打印退勤检索分析单。

(6) 司机汇报本次列车运行情况及有关信息,并在相关簿册进行登记,退勤调度员准许后退勤。

(7) 机车在自、外段或异地车间入段时,机班全员须至调度室退勤登记。在外段车站换班的可采取电话退勤的方式。

(8) 单人值乘确认呼唤标准用语(见表5-14)。

表5-14 单人值乘确认呼唤标准用语

序号	呼唤时机	呼唤项目	确认呼唤标准用语
1	调车信号开放后	行车安全装备设置	进入调车
2	调车转线作业	调车信号显示	调车信号,白灯好了 调车信号,蓝灯(红灯)停车
3	调车复示信号前	调车复示信号	复示信号,白灯好了 复示信号,注意
4	行至闸楼	闸楼(或一度停车牌)	一度停车
5	入段(库)前	确认股道及开通信号	××道,开通好了
6		确认入段(库)手信号	入库手信号好了
7		确认入段(库)信号	入段(库)信号,白灯(绿灯)好了 入段(库)信号,蓝灯(红灯)停车
8	道岔前	道岔开通位置	道岔(1组、2组……)好了
9	换端作业时	制动防溜	注意防溜
10	单机进入尽头线、电力机车进入接触网终端线路时,在折回信号处一度停车时	尽头线、接触网终端	一度停车
11	整备线防护信号前	防护信号显示	防护信号,撤除好了 防护信号,停车

➢ 任务实施

任务工单 5-2

任务名称：机车整备及退勤作业
任务类型：小组讨论
任务布置：
1. 机车整备作业流程
2. 模拟退勤作业
3. 模拟整备作业过程作业
问题引导：
（1）机车到达段内后要进行哪些整备作业？
（2）这些整备作业每一环节有哪些细节？
（3）退勤作业有哪些环节？需要注意哪些事项？

任务 5.3 机车保养

> **任务布置**

1. 掌握掌握电力机车乘务员的自检自修
2. 掌握电力机车主要部件的保养
3. 掌握电力机车故障应急处理

> **相关知识**

一、概 述

机车就和人一样，也会"生、老、病、死"。如何能让机车"健康"地工作，除了定期体检外，我们还需要在平时对它进行保养，让它的种种发病预兆都在发病前处理掉，就同中医里面讲的"治未病之病"。机车保养工作是一项综合的管理体系，包括机车的油润、清洁、操纵、乘务员自检自修、运行中的巡检及故障应急处理、检修部门的临时故障修复、机车动态质量信息反馈等方面的内容。

加强机车保养工作，提高机车质量，对加速机车周转，充分发挥机车能力，延长机车使用寿命，促进文明生产，对于保证铁路运输秩序和安全具有十分重要的意义。运用、检修部门在实际工作中不断完善管理机制，技术、验收、教育、整备、化验、设备、材料等部门相互密切配合，共同完成提高机车质量的任务。保养工作执行"修养并重、预防为主"的方针，"修、养"二者相辅相成。

二、机车保养管理必须贯彻"分级管理、逐级负责"的原则：

（1）铁路总公司机务局、铁路局〔含铁路（集团）公司，以下同〕机务处要有专人负责机车保养工作。

（2）机务段运用车间应设立机车保养室（组），其定员由铁路局根据机型、支配台数和乘务方式确定。保养员由保养指导负责，在车间保养副主任领导下进行工作。有部、局备机车的机务段要建立机车储备保养组。

（3）保养指导、保养员要选择政治思想好、技术业务精、实践经验丰富、责任心强、身体健康的人员担任。保养人员要保持相对稳定。

三、各级职责

（一）铁路总公司

（1）负责组织制定、修改《铁路机车保养规则》和主要机型的保养检查办法。

（2）组织有关人员进行全路机车保养抽查。

（3）收集全路机车保养质量信息，及时通报典型事例和带有共性的问题。

（4）总结机车保养先进经验，树立并推广全路先进典型，指导全路机车保养工作。

（二）铁路局

（1）负责贯彻执行部机车保养规则、保养检查办法，结合本局实际情况组织制定局管内保养管理办法和标准。

（2）定期组织全局机车保养检查和评比。

（3）及时对全局具有普遍性保养责任的机破、临修组织攻关和制定相应措施。

（4）参与保养机具、工装的调配和改造。

（5）收集全局保养质量信息，每季分析机车保养状态，按期上报部机务局。

（6）经常深入生产第一线，检查指导并督促全局机车保养工作。总结机车保养先进经验，树立典型并在全局推广。

（三）机务段

（1）机务段要把机车保养工作作为一项管理基础工作来抓，根据上级要求和本段具体情况，制定工作计划、整改方案和奋斗目标，组织制定各工种保养责任制，并经常检查督促落实。

（2）机务段长要定期召开运用、检修、技术、验收、教育等与保养有关部门人员会议，互通信息，研究对策，协调工作。

（3）机车保养副主任、保养指导要认真贯彻上级有关机车保养要求，推广先进的保养经验，负责检查并掌握机车保养情况，解决保养中存在的问题，参加机破、临修分析，提出处理意见和措施。组织机车日常保养评比，并在机车乘务员提职、提薪、评先时对其日常保养机车工作做出鉴定。

（4）机车保养员要落实有关机车保养制度，具体负责指导、监督乘务员的日常保养工作，负责机车洗（小）修、辅修的保养评定；参加春、秋季机车鉴定；及时准确填写保养台账；反馈保养工作中存在问题和改进意见；有计划地添乘机车，掌握机车质量情况。

（5）指导司机要加强对机车乘务员保养工作的督促和管理，并经常参加保养机车工作。

（6）机务段要组织有关部门对洗（小）修、辅修，春、秋鉴机车进行保养评定，对保养不良机车应限期改进。

四、机车油润工作

（1）机车保养室（组）应认真掌握油脂状况，确认并妥善保管"油脂化验结果通知单"，检验不合格的油脂不准使用。定期指导检查油线室的工作，保证浸泡箱符合技术标准，各种含油材料应符合规定。机车给油必须按程序进行，据机车运用方式由机车乘务员或指定人员负责，保证不错不漏；经常保持给油器具、给油处所及油脂的清洁，确保机车各类油脂品种齐全，油量充足。

（2）各段应根据机车运用情况和油脂种类，具体制定日常和定期的给、换油标准。给油时要根据油脂润滑处所的特点和所用油脂的种类，采用各种不同的方法做到给油部位准、油量适宜，既能满足各摩擦部件的润滑要求，又节约油脂。

五、机车文化状态

各段根据本地区实际情况、运用状况制定机车清洁标准。机车乘务员经常清扫擦拭机车，认真执行"一检、二修、三擦车、四交班"的交车制度，始终保持机车良好的清洁文化状态。非轮乘制机班可以简化作业内容。

六、自检自修制度

各铁路局应组织机务段按《机车操作规程》要求，根据不同机型、乘务方式，明确制定切合实际的自检自修范围。机务部门要积极创造条件以各种形式提高机车乘务员的自检自修能力和故障应急处理能力，并定期考核，不具备能力的应限期达到，否则不得上岗。机车保养人员要对机车乘务员的日常自检自修情况进行评定，具体评定办法由机务段自定，并作为考核依据。

机务段要建立工具、备品的使用交接管理及消耗补充、损坏赔偿制度。保证所需工具、备品的数量充足、清洁完整。

七、机车保养

（一）电气部分

机车的电气部分包括牵引电动机，牵引变压器，整流柜机组等各类电气设备。通过它们把取自接触网的电能转变为机械能同时实现对机车的控制。

1. 受电弓

受电弓是电力机车上一个重要的电器部件，通过它直接与接触网接触，将电流从接触网上引入机车，供车内的电气设备使用。它安装在车顶上，不用时处于折叠状态，运用时升起与接触网接触。

（1）受电弓运用前检查保养要求。

用干燥的压缩空气（压力不大于 4 kPa）清理受电弓各部的灰尘和脏污；受电弓各铰接部分应转动灵活；受电弓气囊，空气管路及接头处不得有漏气现象；所有紧固件应紧固到位，各导电软线连接应安装良好，无断裂或破损现象；滑板不得有严重缺损，安装牢固。接缝处应平整、密贴，滑板托及弓角无裂损；滑板托顶面平整，没有严重锈蚀；弓角与滑板之间应平滑过渡，间隙不得超限；滑板支架活动部分在任何高度均能动作灵活；各弹簧件无裂损、锈蚀。

（2）受电弓保养、维护及存放要求。

区段往返后，受电弓支持绝缘子和拉杆表面必须进行维护保养。在车顶无电状态下，用带有干净汽油或酒精的白布擦抹绝缘子表面应使用弹簧秤经常性对正常工作高度下受电弓接触压力作检测。如有异常，须及时修理、调整或更换滑板，并重新测定和调整接触压力使之符合要求，受电弓升降特性、滑板横动量及高低偏差等均应符合受电弓技术条件和试验大纲要求。保持活动框架、转轴、铰链部分清洁，可用沾有汽油或酒精的白布擦拭．并定期用汽油清洗铰链接部分，然后用白布擦净并涂以适量润滑脂。运行中如发现受电弓有强大火花、不正常的上举和上下降情况，必须进行调整。升起状态下，如果压缩空气供应故障，滑板断裂或磨损到限，受电弓将自动降下。经检查恢复后必须重新启动自动降弓装置。阀板上的滤清器应定期清洗，间隔期由压缩空气供应装置的情况决定，特别是空气污染程度。建议一开始每周检查一次，随着时间延长而延长检查周期。

每个月进行一次整个受电弓检查。若存在损坏的绝缘子，损坏的软编织线，损坏的滑动轴承和变形的部件都应该更换。若滑板磨损到限，也得更换。

（3）弓网故障后的检修、检测。

当发生弓网故障时，造成受电弓滑板、弓头、上臂等零部件变形或损坏，应将受电弓从车顶拆下，进行全面调修或更换零部件，检修完成后在专用试验台上对受电弓进行例行试验（包括动作试验、弓头自由度测量、气密性试验静态压力特性试验、ＡＤＤ性能试验等）。试验合格后方可从新装车投入使用。

2. 高压电压互感器

（1）概要。

高压电压互感器连接在特别高压回路的受电弓断路器及主断路器之间，是为了检测网压的仪器用变压器为户外全封式电压互感器。采用环氧树脂与硅橡胶复合绝缘支柱式结构，适用于户外交流 50 Hz 或 60 Hz，额定电压为 25kＶ 的电机车电网中，作电压测量和继电保护使用。本产品外部护套和伞裙采用高温硅橡胶材料，具有良好的憎水性，大大提高了污闪电压，能有效地防止污闪故障的发生；具有抗老化和耐漏电起痕性能，电蚀损性能达到 GB6553—1986 [等效采用 IEC587（1984）]标准中最高级的 IA6.0 级，可以连续承受污闪电压；具有耐机械冲击能力强、重量轻于安装、不易损坏、维护周期长的特点。该产品二次端采用聚碳酸酯防护盖板，便于观察二次连接情况及检修工作，产品一次接地端采用接地片直接在底板上。

（2）保养及检查。

在正常运行时不需维护和检修。在机车检修期间，需做如下维护检修：外观检查表明有否损伤，如表面完好，可用洁净水或普通洗洁净清洁表面并擦拭干净，达到表面清洁、无积尘或污垢，切不可用尖锐物体刮刺硅橡胶表面，也不得用强酸强碱等腐蚀剂擦拭；检查紧固一次、二次引线连接件是否有松动及表面氧化接触不良现象，必要时清除氧化层，涂抹导电膏，达到接线端子无氧化层连接可靠；安装板是否有松动现象，必要时用专用工具重新紧固，达到产品安装牢固，产品运行时无松动。如需要时可做如下试验：工频耐压试验，一次对二次及地 3 kV，1 min；感应耐压试验，150 Hz，70 kV，40 s。

3. 电力机车检查、保养作业时应注意的事项

（1）禁止在带电的情况下，接触绝缘的和未绝缘的导线及各种电气设备的导电部分。

（2）在整备线及检查线上进行整备作业或检查时，应将司机台控制电源钥匙（电气联锁转换开关）拉回零位取出，由检查人员随身携带；上车顶作业时应按规定打开隔离开关并挂好接地线后，方可登上车顶进行检查或修理。

（3）进入走廊，禁止携带与行车无关的物件，若必须携带物品通过走廊时，不可侵入高压保护网内，运行途中走廊巡视时要站稳抓牢，防止手及检查用品接触带电部件。

（4）对机车高压系统进行检查或处理故障时，必须先断开主断路器，降下受电弓将司机台控制电源钥匙拉回零位取出后，才能进行检查或处理。在不得已需要带电人为闭合或断开

低压电器时,必须使用绝缘物。

(5)严禁敲击紧固有压力的机车部件。检查前,必须切断压力来源,排尽剩余压力。

(6)机车检查完毕后,各防护网、罩必须安装牢固。

(二)电力机车故障应急处理

电力机车由各类电机、电器、电子线路板、联接电线电缆以及空气管路等组成一个复杂而庞大的电气系统。由于机车的频繁操作运行震动,气候条件的复杂、各部件的寿命限制等原因,运用中难免会发生各种故障,直接影响行车安全。所以乘务员应在发生故障后,迅速而准确地判断出故障处所及原因,及时处理,即可防止机破临修,又可避免事故扩大,造成不必要的损失。

1. 受电弓部分故障应急处理

一台受电弓滑板或导弧角损坏或刮弓损坏后,若没接地,又不超限界,则换弓维持运行;若超限界或接地时,请求停电,在得到电调命令后挂号接地线,上车顶处理。一台受电弓降不下来,属于本受电弓故障,可暂不处理,维持回段处理。如遇临时降弓信号,应立即停车问明情况,适当处理;万不得已,应请求停电,挂好接地线,上车顶处理后,换弓继续运行。受电弓升起,车顶有放电响声时,若只响一次,又不影响接触网供电,可维持运行;若连续响时,应请求停电,挂好接地线,上车顶检后,继续运行。

2. 主断路器部分故障应急处理

主断路器不闭合时,确认主断路器本身故障,可将调速手柄放"0"位,并确认受电弓降下后,拉回钥匙手按合闸电磁阀衔铁杆或用螺丝刀扳动转动瓷瓶下方转轴,强迫闭合。过绝缘分相段时不断开主断路器,降弓通过。如系转动瓷瓶或转轴断裂,一般应请求救援;特殊情况下,请求停电,挂好接地线,上车顶强迫闭合。主断路器不断开时,如无其他故障,可不处理,过绝缘分相段时解除牵引动力,关闭全部复铸机组,降弓过绝缘分相段。如有其他故障显示,则应对应处理。非线性电阻瓷瓶爆炸,若其他瓷瓶完好时,可维持运行回段。

3. 劈相机部分故障应急处理

一台劈相机接地或烧损。当检查接触器无焊接时,将相应的故障隔离开关置于故障位,用另一台劈相机维持运行;SS4改型电力机车则改用通风机组电动机电容分相起动,代替劈相机维持运行。若接触器焊接,则应断电后撬开触头,再切除故障劈相机。两台均烧损时,一般应请求救援。劈相机起动电阻折断或烧损时,用起动电阻个故障转换开关转换至另一组电阻。

4. 压缩机部分故障应急处理

一台压缩机电机烧损或不起动,可用相应的故障隔离开关切除该电机,使另一台压缩机维持运行。两台均烧损,则请求救援。若两个接触器均故障不吸合,来不及处理时,检查主触头系统良好,可人为闭合接触器打风,维持回段。

5. 通风机组部分故障应急处理

当牵引通风机故障时,断开相应的故障隔离开关切除故障通风机,并切除相应故障通风机供风冷却的牵引电机,打开平波电抗器下面的小门,维持运行或要求减吨运行。制动风机或励磁风机损坏或制动电阻带烧坏，禁止使用电阻制动。潜油泵损烧或不起动，可用油泵故障隔离开关切除维持运转，但必须坚持变压器油温不得超过90℃，超过90℃时，应在车站停车冷却后继续前行。

6. 两位置转换开关不转换故障应急处理

前、后工况不转换时，电力机车要停车断电方可处理或人工转换；人工转换后，同时关闭相应塞门，维持运行。牵引、制动工况不转换时，可在运行中降弓断电的情况下，确认励磁绕组接触器释放后，人工转换维持运行。

7. 固定分路电阻故障应急处理

当某个固定分路电阻烧损或折断时，在牵引状态下，给定Ⅰ级磁场削弱维持运行；在制动状态下，控制住励磁电流维持运行。但需处理好故障处所，保证不放电，不接地。

8. 接触器部分故障应急处理

当接触焊接时，断电后将其撬开，根据焊接情况进行打磨或整修处理。当接触器烧损时，断电后将各触头断开，停止使用，然后按相关电机故障应急处理办法处理维持运行。接触器线圈烧损，又必须使用相关的电机电器时，可将其顶死维持运行，过绝缘分相段后，合闸前，必须将顶死接触器放开，待劈相机重新启动完成后，才可再次顶死维持运行，以免相关的电机单相烧损。

9. 主回路接地故障应急处理

运行中如发生接地时，应立即进行检查，未发现异状时，可试合一次闸，若还跳闸，将主接地装置闸刀开关放故障位，加强走廊巡视，维持运行，停车时视情况处理。主回路发生接地后，一般停止使用电阻制动。主回路发生接地后引起网侧过流继电器动作的，检查无异状后可再闭合一次主断路器，若还动作，则请求救援。

10. 主回路接地故障应急处理

进行检查，若发现故障机组时，按该机组故障运行办法处理；未发现故障处所时，可将辅助电路接地开关断开，加强走廊巡视，维持运行。

> **任务实施**

任务工单 5-3

任务名称：机车保养
任务类型：小组讨论、模拟操作
任务布置： 　　1. 了解电力机车检查的基本知识 　　2. 掌握电力机车乘务员的自检自修 　　3. 掌握电力机车主要部件的保养 　　4. 掌握电力机车故障应急处理
问题引导： （1）为什么机车需要保养？   （2）电力机车主要进行哪些保养？   （3）SS4 应急故障处理有哪些？   （4）如何进行上述的应急故障处理？

项目 6 一次乘务作业

> **任务布置**

地面模拟锦州站—山海关站间开车,执行标准化作业。

> **相关知识**

一、机车乘务员一次乘务作业的作业环节及作业标准(见表 6-1)

表 6-1 机车乘务员(列车)一次乘务作业标准

项别	作业程序	作业标准
一待乘	1. 待乘保休	按时入寓,充分休息,不得饮酒,手机关闭上交
二出勤	2. 准备出勤	规定着装,指纹测酒,出示证件;领取司机报单及手册、运行揭示(施工行车明示图)、列车时刻表,写入 IC 卡揭示
	3. 阅对揭示	全员阅对,逐条勾划,IC 卡验卡,重要施工模拟开车
	4. 出勤指导	阅读通报,接受出勤指导,记录 LKJ 最新版本号
	5. 开小组会	确定本次乘务安全风险控制项点及措施
	6. 全员出勤	出勤调度员处核对揭示,传达要求,了解接车地点,签点出勤
三接车	7. 段内接车	了解机车状态及检修情况,办理燃料(耗电)、工具、备品交接;确认防护用品齐全良好、车载设备检测合格。输入 IC 卡揭示及相关数据并核对
	8. 检查试验	检查机车,进行机车机能及制动机试验
	9. 段内动车	防溜措施撤除、全员上车、确认信号开放、道岔开通位置,联控进路,副班(学习)司机站立瞭望,鸣笛动车,严守走行速度
	10. 正点出段	交验合格证,报单签点,掌握径路及挂车股道,确认信号、联控动车
	11. 车站接车	机班同行,固定路线,对口交接,输入数据,检查、了解机车状态
四挂车	12. 连挂车列	确认挂车股道,距脱轨器、防护信号、车列 10 m 前停车;确认连结信号,平稳连挂,适量撒砂,挂后试拉、换端;连挂后机车制动,确认车钩、制动软管、折角塞门状态
	13. 交接票据	交接签字,妥善保管
	14. 输入数据	司机输入、副班(学习)司机核对,计算列车长度,记入司机手册
	15. 制动试验	确认漏泄及贯通,记录充排风时间
	16. 列尾使用	正确使用列尾装置,核对机车号和风压数值正确,风压数值与机车主管风压同升、同降

续表 6-1

项别	作业程序	作业标准
五运行	17. 正点开车	联控进路,全员确认凭证及发车信号,鸣笛起车,后部瞭望
	18. 确认贯通	未装列尾装置的货物列车在规定地点贯通试验,旅客列车保压开车、核对风压
	19. 呼唤应答	彻底瞭望、确认信号、准确呼唤、手比眼看
	20. 按信号运行	黄灯减速、红灯停车、停车必喊、有车不进
	21. 严守速度	遵守每百吨列车重量换算闸瓦压力的限制速度,列车限制速度,线路、桥隧、信号容许速度,机车车辆最高运行速度,道岔、曲线及各种临时限制速度,以及LKJ速度控制模式设定的限制速度,防止超速
	22. 车机联控	及时联控、用语准确,严禁使用列车无线调度电话闲谈
	23. 制动机使用	列车调速、进站停车,准确掌握制动时机和减压量,保持列车平稳制动、均匀减速
	24. 鸣笛	按规定鸣笛,发现危及行车、人身安全等情况时,立即采取停车措施并鸣笛
	25. 过分相区	正确操作,按标"断""合",确认网压及控制电压,异常情况立即报告
	26. 机械间巡检	按时巡检,确认轴温
	27. 途中换乘	巡检机械间,交接有关事项,共同值乘一个站间
	28. 中途停车	正确输入侧线股道,确认LKJ距离准确,不准停止柴油机、劈相机及空气压缩机的工作并保持全列制动状态;坚守岗位,不得擅离机车,对机车走行部进行重点检查;车下作业时,穿着防护服,不得侵入邻线
	29. 调车作业	作业中时刻注意确认信号,不间断地进行瞭望,认真执行呼唤应答制度及联控制度,正确及时地执行信号显示的要求,没有信号不准动车,信号不清立即停车
六退勤	30. 终到停车	交接票据,进行制动机试验,拔头减最大,单缓再动车
	31. 机车入段	确认调车信号、道岔开通位置,报单签点,了解段内走行径路,注意停留车位置
	32. 整备交班	不良处所提票修理,进行保洁、整备,做好防火、防溜工作
	33. 退勤	转储监控数据,填记司机报单,开好退勤小组会,总结一次乘务作业情况,全员测酒退勤,检索分析

二、机车乘务员确认呼唤（应答）标准

（一）确认呼唤（应答）基本要求

（1）一次乘务作业全过程必须认真执行确认呼唤（应答）制度。

（2）确认呼唤（应答）必须执行"彻底瞭望、确认信号、手比眼看、准确呼唤",并掌握

"清晰短促、提示确认、全呼全比、手势正确"的作业要领。

（3）列车运行中必须对所有地面主体信号显示全部进行确认呼唤（应答），自动闭塞区段分区通过信号显示绿灯，值乘速度 120 km/h 及以上客运列车时，只手比不呼唤（带有三斜杠标志预告功能的分区通过信号机除外）。

（4）遇有显示须经侧向径路运行的信号时，在呼唤信号显示的同时，必须呼唤侧向限速值。

（二）信号确认呼唤时机和手比姿势

1. 信号确认呼唤时机

应遵循"信号好了不早呼、信号未好提前呼"的原则，瞭望条件良好时，进站（进路）信号不少于 800 m；出站、通过、接近、预告信号不少于 600 m；信号表示器不少于 100 m。

2. 手比规范：

（1）信号显示要求通过（显示绿灯、绿黄灯）时：右手伸出食指和中指并拢，拳心向左，指向确认对象。

（2）信号显示要求正向径路准备停车（显示黄灯）时：右手拢拳伸拇指直立，拳心向左。

（3）信号显示要求侧向径路运行（显示双黄灯、黄闪黄）时：右手拢拳伸拇指和小指，拳心向左。

（4）信号显示要求停车（显示红灯，包括固定和临时）时：右臂拢拳，举拳与眉齐，拳心向左，小臂上下摇动 3 次；

（5）注意警惕运行时：右臂拢拳，大小臂成 90°，举拳与眉齐，拳心向左。

（6）确认仪表显示时：右手伸出食指和中指并拢，拳心向左，指向相关确认设备时。

（7）确认非集中操纵道岔、各类手信号、防护信号（脱轨器）时：右手伸出食指和中指并拢，拳心向左，指向确认的非集中操纵道岔、各类手信号、防护信号（脱轨器）。

（8）列车运行中，LKJ 提示前方列车运行限制速度有变化时，司机必须在变速点前，对变化的速度值及时进行确认呼唤；确认呼唤时，右手伸出食指和中指并拢，拳心向左，指向 LKJ 显示部位。

（9）手比以注意警惕姿势开始和收回，手比动作稍作停顿。

（三）机车乘务员确认呼唤（应答）标准用语

1. 机车乘务员单岗值乘确认呼唤标准用语（见表 6-2 ~ 6-4）

表 6-2 单岗值乘出段至发车

序号	呼唤时机	呼唤项目	确认呼唤标准用语
1	电力机车升弓	升弓作业	升弓注意，升弓好了
2	整备完毕，人员就岗	出段准备作业	出段准备好了
3	出段前	还道信号及出段手信号显示（非集中操纵道岔）	××道，出段手信号好了
4		出段信号显示（含出段简易信号）	出段信号，白（绿）灯 出段信号，蓝（红）灯停车
5	经过非集中操纵道岔前	道岔开通位置	道岔开通正确

续表 6-2

序号	呼唤时机	呼唤项目	确认呼唤标准用语
6	经过其他要道还道地点前	还道信号及道岔开通手信号显示	一度停车××道，手信号好了
7	行至站段分界点	站段分界点（或一度停车牌）	一度停车
8	调车信号前	调车信号显示	调车信号，白灯 调车信号，蓝（红）灯停车
9	调车复示信号前	调车复示信号	复示信号，白灯 复示信号，注意
10	换端作业时	制动防溜	注意防溜
11	进入挂车线	脱轨器	脱轨器，撤除好了 （红灯、红牌）停车
12	连挂车时	连挂距离	十辆、五辆、三辆、停车
13	连挂车时	防护信号	防护信号，撤除好了 防护信号，注意
14	列车制动机试验时	列车制动机试验作业	制动、缓解试风好了
15	发车前	行车安全装备设置作业	LKJ设置，设置好了 CIR（或通信装置）设置，设置好了 列尾装置设置，设置好了 机车信号确认，确认好了
16	发车前	出站（发车进路）信号显示一个绿灯	绿灯，出站（发车进路）好了
17	发车前	出站（发车进路）信号显示两个绿灯	双绿灯，××（线、站）方向出站好了
18	发车前	出站（发车进路）信号显示一个绿灯一个黄灯	绿黄灯，出站（发车进路）好了
19	发车前	出站（发车进路）信号显示一个黄灯	黄灯，出站（发车进路）好了
20	发车前	非正常行车确认行车凭证时	确认行车凭证，路票正确 确认行车凭证，绿色许可证正确 确认行车凭证，红色许可证正确 确认行车凭证，调度命令正确
21	发车前	进路表示器显示	进路表示器，××（线、站）方向好了 进路表示器，正、反方向好了
22	发车前	发车信号	一圈、两圈、三圈，发车信号好了 联控发车好了
23	发车前	发车表示器	发车表示器白灯
24	起动列车后	确认开车时刻	正点（或晚点××分）开车
25	起动列车后	监控装置对标点及道岔限速	对标好了，道岔限速××km/h
26	出站后	操纵台各仪表、指示灯、机车微机工况屏显示	各仪表（网压）显示正常

表 6-3 单岗值乘途中运行

序号	呼唤时机	呼唤项目	确认呼唤标准用语
1	贯通试验或试闸点	贯通试验或试闸作业	贯通试验,贯通试验好了 试闸,试闸好了
2	查询列尾时	列尾查询作业	列尾查询,尾部风压××kPa
3	接近慢行地段限速标	慢行标识及限速值	慢行限速××km/h
4	慢行减速地点(始端)标	慢行减速地点(始端)标位置	慢行开始
5	慢行减速地点(终端)标	慢行减速地点(终端)标位置	严守速度
6	越过减速防护地段终端信号标	减速防护地段终端信号标位置	慢行结束
7	乘降所	乘降所	××乘降所停车
8	分相前	分相位置	过分相注意
9	禁止双弓标前	禁止双弓标	单弓好了
10	断电标前	断电标(T断标)	断电好了
11	越过合电标后	合电标	闭合好了
12	准备降弓标	准备降弓标	准备降弓
13	降弓标前	降弓标	降弓好了
14	越过升弓标后	升弓标	升弓好了
15	遮断信号	遮断信号显示	遮断信号,红灯停车、无显示
16	半自动闭塞区段进站(进路)信号机处 自动闭塞区段进站信号前一架通过信号机、进站(进路)信号机处	监控距离与地面信号机实际距离核对	确认车位,车位正确 确认车位,校正好了
17	进站、接车进路复示信号	复示信号显示	复示信号,直向、侧向复示信号,注意信号
18	出站、发车进路复示信号	复示信号显示	复示信号,好了 复示信号,注意信号
19	通过手信号	通过手信号显示	通过手信号,好了(站内停车)
20	防护信号前	防护信号	防护信号,红灯(红旗)停车、火炬停车、撤除好了
21	预告信号前	预告信号显示	预告信号,好了、注意信号
22	CIR接收接车进路预告信息时	进路预告信息内容	××站(线路所)××道通过(停车)、机外停车

续表 6-3

序号	呼唤时机	呼唤项目	确认呼唤标准用语
23	接收临时调度命令时	调度命令号及内容	确认调度命令,确认好了
24	通信模式转换时	模式转换	通信转换注意,转换好了
25	机车信号转换时	机车信号转换	机车信号转换,转换好了
26	接近信号前	接近信号显示	绿灯　绿黄灯　黄灯减速
27	进站(接车进路)信号前	进站(进路)信号机显示一个绿灯	绿灯,正线通过
28		进站(进路)信号机显示一个绿灯一个黄灯	绿黄灯,正线通过,注意运行
29		进站(进路)信号机显示一个黄灯	黄灯,正线停车
30		进站(进路)信号机显示两个黄灯	双黄灯,侧线,限速××km/h
31		进站(进路)信号机显示黄闪黄	黄闪黄,侧线,限速××km/h
32		进站(进路)信号机显示红灯	红灯,机外停车
33		非正常行车确认行车凭证时	一红一白,引导信号好了 黄旗、黄灯,引导手信号好了 绿旗、绿灯,特定引导手信号好了机外停车
34	出站(发车进路)信号前	出站(发车进路)信号显示一个绿灯	绿灯,出站(发车进路)好了
35		出站(发车进路)信号显示两个绿灯	双绿灯,××(线、站)方向出站好了
36		出站(发车进路)信号显示一个绿灯一个黄灯	绿黄灯,出站(发车进路)好了
37		出站(发车进路)信号显示一个黄灯	黄灯,出站(发车进路)好了
38		出站(发车进路)信号显示一个红灯	红灯,站内停车
39		非正常行车确认行车凭证时	确认行车凭证,路票正确 确认行车凭证,绿色许可证正确 确认行车凭证,红色许可证正确 确认行车凭证,调度命令正确

续表 6-3

序号	呼唤时机	呼唤项目	确认呼唤标准用语
40	进路表示器前	进路表示器显示	进路表示器，××（线、站）方向好了 进路表示器，正、反方向好了
41	确认仪表时	操纵台各仪表、指示灯、机车微机工况屏显示	各仪表（网压）显示正常
42	自动闭塞区段闭塞分区通过信号前	闭塞分区通过信号显示	绿灯 绿黄灯 黄灯减速 红灯停车
43	线路所通过信号机前	线路所通过信号显示	通过信号， 绿灯，（××方向好了） 绿黄灯，（××方向好了） 黄灯减速，（××方向好了） 侧线限速××km/h、××方向好了机外停车
44		非正常行车确认行车凭证时	确认行车凭证，凭证正确
45	列车运行限制速度变速点前（由高速变低速）	变速点低速值	前方限速××km/h，注意控速
46	输入侧线股道号	侧线股道号	××道输入好了
47	输入支线号	支线号	支线号输入好了
48	接近限制鸣笛标前	限制鸣笛标	进入限鸣区段
49	接近防洪地点标前	防洪地点标	防洪地点，注意运行
50	接近道口前	道口位置	道口注意
51	列车客运停点、终到	报点	正点（晚点或早点××min）到达（通过、开车）

表 6-4 单岗值乘到达至入段

序号	呼唤时机	呼唤项目	确认呼唤标准用语
1	列车终到后	行车安全装备设置	LKJ 设置，设置好了 CIR（或通信装置）设置，设置好了 列尾装置设置，设置好了
2	调车转线作业	调车信号显示	调车信号，白灯 调车信号，蓝（红）灯停车

续表 6-4

序号	呼唤时机	呼唤项目	确认呼唤标准用语
3	调车复示信号前	调车复示信号	复示信号，白灯 复示信号，注意
4	行至站段分界点	站段分界点（或一度停车牌）	一度停车
5	入段前	还道信号及入段手信号显示（非集中操纵道岔）	××道，入段手信号好了
6		入段信号显示（含简易信号显示）	入段信号，白（绿）灯 入段信号，蓝（红）灯停车
7	经过非集中操纵道岔前	道岔位置	道岔开通正确
8	经过其他要道还道地点前	还道信号及道岔开通手信号	一度停车××道，手信号好了
9	换端作业时	制动防溜	注意防溜
10	进入段内尽头线或有车线	确认停车距离	十辆、五辆、三辆、停车
11	整备线防护信号前	防护信号显示	防护信号，撤除好了 防护信号，（红灯、蓝灯、红旗、红牌）停车

2. 机车乘务员双岗值乘确认呼唤（应答）标准用语（见表6-5～6-7）

表 6-5 双岗值乘出段至发车

序号	呼唤时机	呼唤		应答		复诵	
		呼唤者	标准用语	应答者	标准用语	复诵者	标准用语
1	电力机车升弓	操纵司机	升弓	学习司机非操纵司机	升弓注意	操纵司机	升弓好了
2	整备完毕，人员就岗	学习司机非操纵司机	出段准备	操纵司机	准备好了		
3	出段前	学习司机非操纵司机	还道信号出段信号（非集中操纵道岔呼唤内容）	操纵司机	××道出段手信号好了	学习司机非操纵司机	××道出段手信号好了
4		学习司机非操纵司机	出段信号	操纵司机	白（绿）灯蓝（红）灯停车	学习司机非操纵司机	白（绿）灯蓝（红）灯停车
5	经过非集中操纵道岔前	学习司机非操纵司机	道岔注意	操纵司机	道岔开通正确	学习司机非操纵司机	道岔开通正确

续表 6-5

序号	呼唤时机	呼唤		应答		复诵	
		呼唤者	标准用语	应答者	标准用语	复诵者	标准用语
6	经过其他要道还道地点前	学习司机非操纵司机	一度停车还道信号道岔开通信号	操纵司机	一度停车××道手信号好了	学习司机非操纵司机	××道手信号好了
7	行至站段分界点（或一度停车牌）	学习司机非操纵司机	一度停车	操纵司机	一度停车		
8	调车信号前	学习司机非操纵司机	调车信号	操纵司机	白灯、蓝（红）灯停车	学习司机非操纵司机	白灯、蓝（红）灯停车
9	调车复示信号前	学习司机非操纵司机	复示信号	操纵司机	白灯注意信号	学习司机非操纵司机	白灯注意信号
10	换端作业时	学习司机非操纵司机	注意防溜	操纵司机	注意防溜		
11	进入挂车线	学习司机非操纵司机	脱轨器注意	操纵司机	撤除好了（红灯、红牌）停车	学习司机非操纵司机	撤除好了（红灯、红牌）停车
12	连挂车时	学习司机非操纵司机	十辆、五辆、三辆、停车	操纵司机	十辆、五辆、三辆、停车		
13		学习司机非操纵司机	防护信号	操纵司机	撤除好了注意信号	学习司机非操纵司机	好了注意
14	列车制动机试验时	学习司机非操纵司机	制动、缓解试风好了	操纵司机	制动、缓解试风好了		
15	发车前	学习司机非操纵司机	确认行车安全装备	操纵司机	LKJ设置好了CIR（或通信装置）设置好了列尾装置设置好了机车信号确认好了	学习司机非操纵司机	LKJ设置好了CIR（或通信装置）设置好了列尾装置设置好了机车信号确认好了
16		学习司机非操纵司机	出站（发车进路）信号	操纵司机	绿灯，出站（发车进路）好了双绿灯，××（线、站）方向出站好了绿黄灯，出站（发车进路）好了。黄灯，出站（发车进路）好了	学习司机非操纵司机	绿灯，出站（发车进路）好了双绿灯，××（线、站）方向出站好了绿黄灯，出站（发车进路）好了。黄灯，出站（发车进路）好了

续表 6-5

序号	呼唤时机	呼唤		应答		复诵	
		呼唤者	标准用语	应答者	标准用语	复诵者	标准用语
17		学习司机 非操纵司机	确认路票 确认绿色许可证 确认红色许可证 确认调度命令	操纵司机	路票正确 绿色许可证正确 红色许可证正确 调度命令正确	学习司机 非操纵司机	路票正确 绿色许可证正确 红色许可证正确 调度命令正确
18		学习司机 非操纵司机	进路表示器	操纵司机	××（线、站）方向好了 正、反方向好了	学习司机 非操纵司机	××（线、站）方向好了 正、反方向好了
19		学习司机 非操纵司机	发车信号	操纵司机	一圈、两圈、三圈，发车信号好了 联控发车好了	学习司机 非操纵司机	一圈、两圈、三圈，发车信号好了 联控发车好了
20		学习司机 非操纵司机	发车表示器	操纵司机	发车表示器白灯	学习司机 非操纵司机	发车表示器白灯
21	起动列车后	学习司机 非操纵司机	确认开车时刻	操纵司机	正点（或晚点××分）开车	学习司机 非操纵司机	好了
22	起动列车后	学习司机 非操纵司机	注意对标	操纵司机	对标好了道岔限速××km/h	学习司机 非操纵司机	好了道岔限速××km/h
23	起动列车后	学习司机 非操纵司机	后部注意	操纵司机	后部好了	学习司机 非操纵司机	后部好了
24	出站后	学习司机 非操纵司机	仪表注意	操纵司机	各仪表（网压）显示正常		

表 6-6 双岗值乘途中运行

序号	呼唤时机	呼唤		应答		复诵	
		呼唤者	标准用语	应答者	标准用语	复诵者	标准用语
1	机械间巡视及巡视后	学习司机 非操纵司机	机械间检查各部正常	操纵司机	注意安全好了	学习司机 非操纵司机	加强瞭望
2	贯通试验或试闸点	学习司机 非操纵司机	贯通试验或试闸	操纵司机	贯通试验或试闸好了	学习司机 非操纵司机	好了
3	查询列尾时	学习司机 非操纵司机	列尾查询	操纵司机	尾部风压××kPa	学习司机 非操纵司机	好了
4	接近慢行地段限速标	学习司机 非操纵司机	慢行注意	操纵司机	限速×× km/h	学习司机 非操纵司机	限速×× km/h
5	慢行减速地点（始端）标	学习司机 非操纵司机	慢行开始	操纵司机	慢行开始		

续表 6-6

序号	呼唤时机	呼唤		应答		复诵	
		呼唤者	标准用语	应答者	标准用语	复诵者	标准用语
6	慢行减速地点（终端）标	学习司机 非操纵司机	严守速度	操纵司机	严守速度		
7	越过减速防护地段终端信号标	学习司机 非操纵司机	慢行结束	操纵司机	慢行结束		
8	乘降所	学习司机 非操纵司机	××乘降所	操纵司机	停车	学习司机 非操纵司机	停车
9	接近分相前	学习司机 非操纵司机	过分相注意	操纵司机	注意	学习司机 非操纵司机	注意
10	禁止双弓标前	学习司机 非操纵司机	禁止双弓	操纵司机	单弓好了	学习司机 非操纵司机	好了
11	断电标（T断标）前	学习司机 非操纵司机	断电	操纵司机	断电好了	学习司机 非操纵司机	好了
12	越过合电标后	学习司机 非操纵司机	闭合	操纵司机	闭合好了	学习司机 非操纵司机	好了
13	准备降弓标前	学习司机 非操纵司机	准备降弓	操纵司机	准备降弓		
14	降弓标前	学习司机 非操纵司机	降弓	操纵司机	降弓好了	学习司机 非操纵司机	好了
15	越过升弓标后	学习司机 非操纵司机	升弓	操纵司机	升弓好了	学习司机 非操纵司机	好了
16	遮断信号前	学习司机 非操纵司机	遮断信号	操纵司机	红灯停车 无显示	学习司机 非操纵司机	红灯停车，无显示
17	半自动闭塞区段进站（进路）信号机处；自动闭塞区段进站信号前一架通过信号机、进站（进路）信号机处	学习司机 非操纵司机	确认车位	操纵司机	车位正确 校正好了	学习司机 非操纵司机	车位正确 好了
18	进站、接车进路复示信号前	学习司机 非操纵司机	复示信号	操纵司机	直向、侧向或注意信号	学习司机 非操纵司机	直向、侧向或注意信号
19	出站、发车进路复示信号前	学习司机 非操纵司机	复示信号	操纵司机	复示好了、注意信号	学习司机 非操纵司机	复示好了、注意信号

续表 6-6

序号	呼唤时机	呼唤		应答		复诵	
		呼唤者	标准用语	应答者	标准用语	复诵者	标准用语
20	通过手信号	学习司机 非操纵司机	通过手信号	操纵司机	手信号好了 站内停车	学习司机 非操纵司机	手信号好了 站内停车
21	防护信号前	学习司机 非操纵司机	防护信号	操纵司机	红灯（红旗）停车 火炬停车 撤除好了	学习司机 非操纵司机	红灯（红旗）停车 火炬停车 撤除好了
22	预告信号前	学习司机 非操纵司机	预告信号	操纵司机	预告好了 注意信号	学习司机 非操纵司机	预告好了 注意信号
23	CIR接收接车进路预告信息时	学习司机 非操纵司机	确认进路预告信息	操纵司机	××km/h站（线路所）××道通过（停车）、机外停车	学习司机 非操纵司机	××站（线路所）××道通过（停车）、机外停车
24	接收临时调度命令时	学习司机 非操纵司机	确认调度命令	操纵司机	调度命令确认好了	学习司机 非操纵司机	调度命令确认好了
25	通信模式转换时	学习司机 非操纵司机	通信转换注意	操纵司机	转换好了	学习司机 非操纵司机	好了
26	转换机车信号时	学习司机 非操纵司机	机车信号转换注意	操纵司机	转换好了	学习司机 非操纵司机	好了
27	接近信号前	学习司机 非操纵司机	接近信号	操纵司机	绿灯 绿黄灯 黄灯减速	学习司机 非操纵司机	绿灯 绿黄灯 黄灯减速
28	进站（接车进路）信号前	学习司机 非操纵司机	进站（进路）信号	操纵司机	绿灯，正线通过 绿黄灯，正线通过，注意运行 黄灯，正线 双黄灯，侧线，限速××km/h 黄闪黄，侧线，限速××km/h 红灯，机外停车	学习司机 非操纵司机	绿灯，正线通过 绿黄灯，正线通过，注意运行 黄灯，正线 双黄灯，侧线，限速××km/h 黄闪黄，侧线，限速××km/h 红灯，机外停车

续表 6-6

序号	呼唤时机	呼唤		应答		复诵	
		呼唤者	标准用语	应答者	标准用语	复诵者	标准用语
29		学习司机 非操纵司机	引导信号 引导手信号 特定引导手信号 机外停车	操纵司机	一红一白,引号信号好了 黄旗、黄灯,引导手信号好了 绿旗、绿灯,特定引导手信号好了 机外停车	学习司机 非操纵司机	一红一白,引号信号好了 黄旗、黄灯,引导手信号好了 绿旗、绿灯,特定引导手信号好了 机外停车
30	出站(发车进路)信号前	学习司机 非操纵司机	出站(发车进路)信号	操纵司机	绿灯,出站(发车进路)好了 双绿灯,××(线、站)方向出站好了 绿黄灯,出站(发车进路)好了。 黄灯,出站(发车进路)好了 红灯,停车	学习司机 非操纵司机	绿灯,出站(发车进路)好了 双绿灯,××(线、站)方向出站好了 绿黄灯,出站(发车进路)好了 黄灯,出站(发车进路)好了 红灯,停车
		学习司机 非操纵司机	确认路票 确认绿色许可证 确认红色许可证 确认调度命令	操纵司机	路票正确 绿色许可证正确 红色许可证正确 调度命令正确	学习司机 非操纵司机	路票正确 绿色许可证正确 红色许可证正确 调度命令正确
31	进路表示器前	学习司机 非操纵司机	进路表示器	操纵司机	××(线、站)方向好了 正、反方向好了	学习司机 非操纵司机	××(线、站)方向好了 正、反方向好了
32	确认仪表时	学习司机 非操纵司机	仪表注意	操纵司机	各仪表(网压)显示正常		

续表 6-6

序号	呼唤时机	呼唤		应答		复诵	
		呼唤者	标准用语	应答者	标准用语	复诵者	标准用语
33	自动闭塞区段闭塞分区通过信号前	学习司机非操纵司机	通过信号	操纵司机	绿灯 绿黄灯 黄灯减速 红灯停车	学习司机非操纵司机	绿灯 绿黄灯 黄灯减速 红灯停车
34	线路所通过信号机前	学习司机非操纵司机	通过信号 确认行车凭证	操纵司机	绿灯，（××方向好了） 绿黄灯，（××方向好了） 黄灯减速，（××方向好了） 侧线限速××km/h、xx方向好了 机外停车 线路所凭证正确	学习司机非操纵司机	绿灯，（××方向好了） 绿黄灯，（××方向好了） 黄灯减速，（xx方向好了） 侧线限速××km/h，××方向好了 机外停车 线路所凭证正确
35	列车运行限制速度变速点前（由高速变低速）	操纵司机	前方限速××km/h	学习司机非操纵司机	注意控速	操纵司机	注意控速
36	交会列车时	学习司机非操纵司机	会车注意	操纵司机	注意		
37	输入侧线股道号	学习司机非操纵司机	输入侧线股道号	操纵司机	××道输入好了		
38	输入支线号	学习司机非操纵司机	输入支线号	操纵司机	支线号输入好了		
39	接近限制鸣笛标前	学习司机非操纵司机	进入限鸣区段	操纵司机	限制鸣笛	学习司机非操纵司机	限制鸣笛
40	接近防洪地点标	学习司机非操纵司机	进入防洪地点	操纵司机	注意运行	学习司机非操纵司机	注意运行
41	接近道口前	学习司机非操纵司机	道口注意	操纵司机	注意		
42	途中换班时	接班司机	换班注意	交班司机	加强瞭望；（前方有限速）；注意安全	接班司机	明白

表6-7 双岗值乘到达至入段

序号	呼唤时机	呼唤		应答		复诵	
		呼唤者	标准用语	应答者	标准用语	复诵者	标准用语
1	列车终到后	学习司机非操纵司机	确认行车安全装备	操纵司机	LKJ设置好了 CIR（或通信装置）设置好了 列尾装置设置好了	学习司机非操纵司机	LKJ设置好了 CIR（或通信装置）设置好了 列尾装置设置好了
2	调车转线作业	学习司机非操纵司机	调车信号	操纵司机	白灯、蓝（红）灯停车	学习司机非操纵司机	白灯、蓝（红）灯停车
3	调车复示信号前	学习司机非操纵司机	复示信号	操纵司机	白灯注意信号	学习司机非操纵司机	白灯注意信号
4	行至站段分界点（或一度停车牌）	学习司机非操纵司机	一度停车	操纵司机	一度停车		
5	入段前	学习司机非操纵司机	还道信号 入段信号（非集中操纵道岔呼唤内容）	操纵司机	××道入段手信号好了	学习司机非操纵司机	××道入段手信号好了
6		学习司机非操纵司机	入段信号	操纵司机	白（绿）灯蓝（红）灯停车	学习司机非操纵司机	白（绿）灯蓝（红）灯停车
7	经过非集中操纵道岔前	学习司机非操纵司机	道岔注意	操纵司机	道岔开通正确	学习司机非操纵司机	道岔开通正确
8	经过其他要道还道地点前	学习司机非操纵司机	一度停车 还道信号 道岔开通信号	操纵司机	一度停车 ××道手信号好了	学习司机非操纵司机	××道手信号好了
9	换端作业时	学习司机非操纵司机	注意防溜	操纵司机	注意防溜		
10	进入段内尽头线或有车线	学习司机非操纵司机	十辆、五辆、三辆、停车	操纵司机	十辆、五辆、三辆、停车		
11	整备线防护信号前	学习司机非操纵司机	防护信号	操纵司机	撤除好了 红灯、蓝灯、红旗、红牌）停车	学习司机非操纵司机	撤除好了（红灯、蓝灯、红旗、红牌）停车

（四）说　明

（1）同时具有接车进路和发车进路的进路信号机，列车在该信号机前停车及发车时，按照发车进路信号机进行呼唤，信号指示列车在该信号机前不停车通过该信号时，按照接车进路信号机进行呼唤。

（2）设有出站信号机的线路所，线路所通过信号比照进站信号机呼唤内容进行呼唤。

（3）双线自动闭塞区段 2 灯位进路表示器显示，根据灯位显示确认呼唤"正、反方向好了"；双线自动闭塞区段 1 灯位进路表示器显示，反方向行车着灯时确认呼唤"反方向好了"，正方向行车不着灯时不呼唤；除上述之外的进路表示器，在确认进路表示器显示灯位后，呼唤"××（线、站）方向好了"。

（4）慢行地点限速标未标明限速值时，按限速 25 km/h 进行呼唤。

（5）机车监控装置正线开车对标，无侧向道岔限速时，不呼唤道岔限速。

（6）对发车信号的呼唤，含使用手信号及无线通信设备发车。

（7）防洪地点标仅在防洪期间进行呼唤。

（8）上述表中"其他要道还道地点"，是指办理出段或入段作业走行进路上，显示出段或入段手信号之外的扳道房前的停车要道地点。

（9）双岗值乘时，首、末次机械间巡视需对巡视主要内容进行汇报。

（10）双岗值乘途中换班作业，运行当前区间或前方第一区间有临时限速时需进行呼唤。

（11）单岗值乘时，操纵司机按照《单岗值乘确认呼唤标准》执行，添乘指导司机对操纵司机确认呼唤内容进行复诵。

（12）双岗值乘时，值乘人员按照《双岗值乘确认呼唤（应答）标准》执行，添乘指导司机按照《标准》中复诵者内容进行复诵。

（13）货运列车在车站开车、通过、到达可不报告和呼唤列车正晚点时分。

（14）司机途中操纵牵引、制动手柄及操作行车安全装备遇有需要进行呼唤和手比的项目时，可只呼唤不手比。

（15）机车乘务员途中担当调车作业及专调机车调车作业确认呼唤（应答）标准，由各铁路局根据担当车型及作业方式自行制定。

三、货车本线乘务员模拟开车（段内接车，锦州站—山海关站）

主班："×××班，司机（司机）×××。"
副班："学习司机×××。"
全员："模拟开车现在开始。"

（一）待　乘

请叙述待乘保休作业标准：按时入寓，充分休息，不得饮酒，手机关闭上交。

（二）出　勤

1. 请叙述出勤作业标准

内容略。

2. 请叙述防脱线风险点防范措施

出勤验卡条数清，监控输入确认准；临时限速要严控，限速不清取最低。
检查走行要仔细，发现隐患不动车；运行发现有异常，立即停车不盲行。

3. 出勤作业模拟开始

主班："出乘前严禁饮酒、充分休息。规定着装，指纹测酒，出示证件。领取司机报单及手册、运行揭示（施工行车明示图）、写入 IC 卡揭示，了解本次乘务要求。司机手册加盖制动试验章、添乘登记章（司机手册已印制时除外）。"

出调："测酒;"，"测试合格。"在司机手册上加盖测酒合格章（操作）; "出示证件。"

主班："请检查证件。"机班全员出示驾驶证（学习司机证）、岗位培训合格证、电气化安全培训合格证、IC 卡（操作）。

出调："证件齐全、符合标准。"

主班："领取司机报单及手册、运行揭示（施工行车明示图）。到揭示窗处核对揭示（操作）。"

副班（叙述）："根据担当区段与运行揭示橱窗（触摸屏）内的运行揭示进行核对，核对无误、弄懂弄通后，司机在副班司机（学习司机）的运行揭示的有关内容顺号前划"√"，并签字。司机对照学习司机的手持揭示在使用的运行揭示有关内容顺号前划"√"，学习司机监督；机班在各自使用的运行揭示上签字，将非本人职名划掉。"

出调："28620 次机班写卡完毕，请验卡。"二人到验卡机处验卡。

主班："28620 次机班验卡，司机明白，请出勤调度员复核。"将 IC 卡插入验卡机后按压【确认】键，面对显示器显示的全部揭示界面逐条朗读写卡内容。

出调：持主班司机手持揭示针对乘务员的呼唤内容逐条核对。

主班："① 调度命令号 93004 号：沈山上行线锦州—桃园站间，244 km300 m ~ 245 km080 m，2013 年 8 月 1 日 0 时 00 分至 8 月 31 日 24 时 00 分，限速 45 km/h。

② 调度命令号 98002 号，沈山上行线桃园进站特定引导接车。

③ 调度命令号 98004 号，沈山上行线桃园出站绿色许可证发车。"

出调："验卡正确。"

主班："明白。"

副班（操作）："验卡后，二人分别在派班室 IC 卡数据录入簿中登记。"

主班（叙述）："有施工明示图时，必须到 120 处上机进行施工模拟演练并接受指导，明确行车办法，熟悉监控装置操作并登记（出勤指导合格后，应在施工行车安全明示图上加盖指导人名章或签字）。模拟演练结束后转储监控文件。"

全员：到 120 值班员处。

主班："28620 机班，请求出勤指导。"

120 值班："对桃园站进行模拟开车。"

主班："明白"，插卡输入数据。

副班："进站特定引导，速度 60 km/h 以下，按压开车+解锁键解锁。"

主班："解锁好了"。

副班："出站绿证，输入调度命令 98004、编号 2，速度 45 km/h 以下，按压解锁+确认键解锁，按车站道岔最低速度控制出站。"

主班："解锁好了，严守速度。"

副班："转储模拟文件。"

120 值班："乘前模拟合格，准许出勤。"在施工明示图上盖章。

主班（叙述）：全员接受出勤指导、班前提问。阅读通报、通告，了解相关要求，对要求记名传达的内容，全文阅读后本人签名。

副班（叙述）：正确填写司机手册和司机报单。根据运行揭示、天、地、人、车等情况，确定安全风险控制项点、制定安全和平稳操纵措施及行车注意事项，分别在各自手册中做好记录，机班小组会内容须一致。

主班：全员按规定整洁着装，到出勤值班员处出勤。

"电 28620 次乘务机班出勤。"将司机手册、司机报单交出勤调度员。

出调："核对运行揭示"。

主班："① 调度命令号 93004 号：沈山上行线锦州—桃园站间，244 km300 m ~ 245 km080 m，2013 年 8 月 1 日 0 时 00 分至 8 月 31 日 24 时 00 分，限速 45 km/h。

② 调度命令号 98002 号，沈山上行线桃园进站特定引导接车。

③ 调度命令号 98004 号，沈山上行线桃园出站绿色许可证发车。"

出调："揭示正确，请核对手表时分。"

主班："6 时 28 分 20 秒。"

副班："6 时 28 分 30 秒。"

出调："时间准确。"（误差不超 30 秒）

出调：（在司机报单和司机手册上签点、盖章后，交还司机报单、司机手册及审核后的运行揭示）"库内 1 道接车。"

主班："库内 1 道接车明白。"

（三）接 车

1. 请叙述接车作业标准

内容略。

2. 请叙述防人身风险点防范措施

库内动车防刮碰，横越线路看来车，线路作业防伤害，等会看车要避让，网下作业防感电。

3. 接车作业模拟开始

副班（叙述）："接车时，二人同行走固定线路，在规定地点接车。对口交接，了解机车运用状况，清点工具备品。主要检查信号器具、工具备品、响墩、火炬、灭火器齐全良好，交接燃料并做好记。"

主班（叙述）："上车后核对监控版本号（库出最高，站换保证最低）。插入 IC 卡，输入监控数据，核对 IC 卡揭示。"

副班："（按压【查询】键＋【3】调出全部揭示，主班司机朗读，副班司机持手持揭示核对）"揭示正确"。"

主班："揭示正确"（如发现不能读卡时，及时处理并通知出勤调度员）；"输入数据"（含库内固定车次 101、司机、学习司机代号），"确认监控数据"。

副班：（再次确认后）"数据正确，进入出段模式"。

主班："进入好了"。

副班："进入好了"。

主班（叙述）：按职分工整备机车，司机按规定进行机能试验和制动机试验。

副班（叙述）：配合地面检测人员检测行车安全装备并确认检测合格证符合要求后，方可在检测记录上签名（盖章）。

副班："确认行车安全装备检测合格证齐全"。

主班："齐全良好"。（行车安全装备检测时间超过 24 h 要求重新检测发证）

库内作业完毕：

副班：呼唤应答要做到：

合："彻底瞭望、确认信号、准确呼唤、手比眼看。"

主班："升弓。"

副班："升弓好了。"（二人分别向外侧后上方确认升弓状态）

主班："升弓好了。"

主班："准备出库。"

副班："开放三机。"

主班："作用良好。"

主班："确认止轮器、手制动机缓解状态。"

副班："止轮器撤除好了、手制动机缓解良好（副班司机向后内侧确认呼喊）。"

副班："股道信号。"

主班："××道，开通好了。"（副班司机到司机后面共同手比）

副班："××道，开通好了。"

副班："单阀试验。"

主班："单阀试验，作用良好。"（接班后第一次动车、摘头、换端［更换操纵台］后动车，进行单阀制动试验。动车后，速度在 5 km/h 以下，走行 5 m 以内必须进行单阀制动试验，确认制动缸压力上升，速度下降后方准继续运行）。

副班："道岔注意。"（距离道岔 30 m 确认呼唤）

主班："道岔一组、二组、三组好了。"

副班："道岔一组、二组、三组好了。"

副班："停车签点。"（闸楼一旦停车）

主班："停车签点。"交验合格证，报单签点，掌握径路及挂车股道。

副班："锦州站机待线转 16 道挂头。"

主班："锦州站机待线转 16 道挂头。"

副班："进入调车模式。"

主班："进入好了。"

副班："进入好了。"

副班："调车信号。"

主班："白灯好了（副班司机到司机后面共同手比）。"

副班:"白灯好了。"
主班:"锦州站,HX D3B280 机车询问调车进路。"
车值:"HX D3B280 机车去机待线调车信号好了。"
主班:"HX D3B280 机车去机待线调车信号好了,司机明白。"
副班:"道岔注意。"
主班:"道岔一组、二组、三组好了。"
副班:"道岔一组、二组、三组好了。"(经路上的调号及道岔按上述标准呼唤确认)
副班:"一度停车(在尽头线折返信号处)。"
主班:"一度停车(在尽头线折返信号处)。"
副班:"土挡注意。"
主班:"限速 5 km/h。"
副班:"停车。"
主班:"停车。"
副班:"降弓。"
主班:"降弓好了。"(二人分别向外侧后上方确认升弓状态)
副班:"降弓好了。"
主班:"换端。"
副班:"注意防溜。"
主班:"注意防溜。"
副班:"确认制动缸压力。"
主班:"制动缸压力 460 kPa。"
副班:"制动缸压力 460 kPa。"
副班:"升弓。"
主班:"升弓好了。"(二人分别向外侧后上方确认降弓状态)
副班:"升弓好了。"
主班:"锦州站 HX D3B280 机车已经到达折返地点。"
车值:"值班员明白。"
副班:"调车信号。"
主班:"白灯好了。"(副班司机到司机后面共同手比)
副班:"白灯好了。"
主班:"锦州站,HX D3B280 机车询问调车进路。"
车值:"HX D3B280 机车去 16 道挂头调车信号好了。"
主班:"HX D3B280 机车去 16 道挂头调车信号好了司机明白。"

(四)出库挂车

1. 请叙述出库挂车作业标准

内容略。

2. 请叙述防放飏风险点防范措施

列尾执行八必查,试闸异常不动车;关键地段早使闸,使闸异常立即停。

3. 出库挂车模拟开始

副班:"调车信号。"

主班:"白灯好了。"

副班:"白灯好了,道岔注意。"

主班:"道岔一组、二组、三组好了。"

副班:"道岔一组、二组、三组好了。"

副班:"十辆。"

主班:"十辆。"

副班:"五辆。"

主班:"五辆。"

副班:"三辆。"

主班:"三辆。"

副班:"10 m 停车。"

主班:"10 m 停车。"

副班:"防护信号。"

主班:"撤除好了。"(副班司机到司机后面共同手比)

副班:"撤除好了。"

副班:副班司机从司机后面绕到司机前方 3 m 处,显示挂车信号。

主班:"连接。连挂速度不超过 5 km/h,平稳连挂(根据需要适当撒砂)。"

主班:"试拉。"

主班:"试拉好了(试拉前司机必须确认机车距该股道出站信号的安全距离,不得以顿钩代替试拉,非零牵不得少于 3 s)。"试拉好了副班司机回到座位确认升弓。

副班:"升弓。"

主班:"升弓好了。"(二人分别向外侧后上方确认升弓状态)。

副班:"升弓好了。"

主班:"换端。"

副班:"注意防溜。"

主班:"注意防溜。"

副班:"确认制动缸压力。"

主班:"制动缸压力 460 kPa。"

副班:"制动缸压力 460 kPa。"

副班:"降弓。"

主班:"降弓好了。"(二人分别向外侧后上方确认降弓状态)

副班:"降弓好了。"

主班:"复检机车。"

副班:"注意安全。"(按规定探头进行防护)

主班:"明白,向后 2 步检查连接状态,复检内容(车钩中心水平线高度差不超过 75 mm;两车钩均在落锁状态;制动管联接器连接良好无漏泄;机车、车辆折角塞门均在全开位;两车钩提杆均在落座无抗劲;机车车钩防跳穿销安装正确;机车制动管防尘堵放于规定位置;

确认砂路畅通）。"

主班："接取货票及编组通知单（确认良好后签字：60辆，计长80.0，总重5 200 t）。"

副班："计算列车长度，记入司机手册。"（列车长度=计长×11+辆数×0.15+机车长度+安全距离）（注：有重联机车时加重联机车长度；站线1 050 m以下时，安全距离为10 m，站线1050 m以上时，安全距离为20 m）

副班："退出调车。"

主班："（按压【调车】键）退出好了。"

副班："退出好了。"

主班："输入监控数据（副班司机手持列车编组通知单朗读，主班司机调出监控数据窗口，并对照提示卡逐项输入）。"

副班："数据输入正确。"

副班："制动。"

主班："制动。"

副班："缓解。"

主班："缓解。"

副班："好了。"

主班："好了。"

（五）列车运行

1. 请叙述列车运行作业标准

内容略。

2. 请叙述防冒进、防冲突风险点防范措施

确认版本，听清进路，正确输入，距离准确，凭证无误，合理使闸。监控故障，停车汇报；停车必喊，有车不进；单机区停，前移短接；区间救援，做到三清。调车作业，严守速度，盯住信号，逐个确认。

3. 列车运行模拟开始

车值："电28620次16道出发进路信号好了，沈山上行线锦州—桃园站间，244 km300 m～245 km080 m限速45 km/h。"

主班："电28620次16道出发进路信号好了，沈山上行线锦州—桃园站间，244 km300 m～245 km080 m限速45 km/h。司机明白。"

主班："确认监控数据。"

副班："（逐项朗读）数据正确。"

主班："数据正确。"

主班："确认上下行开关。"

副班："上行好了。"

主班："上行好了。"

副班：揭示预报："（1）沈山上行线锦州—桃园站间，244 km300 m～245 km080 m 限速45 km/h。

（2）沈山上行线桃园进站特定引导接车。
（3）沈山上行线桃园出站绿色许可证发车。"
　主班："严守速度。"
　副班："发车进路信号。"
　主班："发车进路好了。"（确认手比）
　副班："发车进路好了"，（确认手比）。
　主班："双黄灯好了。"
　副班："双黄灯好了。"
　副班："发车信号。"
　全员："一圈、二圈、三圈，发车信号好了。"（副班司机到司机后面手比确认呼喊）
　副班："后部瞭望。"（全列启动 10 m 后交替进行后部瞭望，由非值班员侧人员先呼唤）
　主班："后部好了。"
　副班："后部好了。"
　副班："发车进路信号。"
　主班："发车进路好了。"（100 m 确认手比，以下同）
　副班："发车进路好了。"（100 m 确认手比，以下同）
　副班："对标开车。"
　主班："对标好了。道岔限速 30 km/h。"
　副班："对标好了。道岔限速 30 km/h。"
　副班："出站信号。"
　主班："出站好了。"（手比）
　副班："出站好了。"（手比）
　主班：（全列出站后）"前方注意，记点（在全列车出站后，前方瞭望条件好的情况下方可记点。遇黄、红信号、道口、曲线或其他瞭望条件不好时，不允许记点）。"
　副班："仪表注意。"
　主班："显示正常，缓解良好。"
　副班："慢行注意。"
　主班："限速 45 km/h。"
　副班："限速 45 km/h。"
　副班："慢行开始。"
　主班："慢行开始。"
　副班："严守速度。"
　主班："严守速度。"
　副班："慢行结束。"
　主班："慢行结束。"
　副班："贯通试验。"
　主班："贯通试验良好。"
　副班："通过信号。"
　主班："绿黄灯。"

副班："绿黄灯。"
主班："桃园站电 28620 次接近。"
车值："电 28620 次司机，调度命令 98002 号，桃园站全站停电，上行进站执行特定引导，出站使用绿色许可证，编号 2，调度员赵一，车站值班员孙山。2 道通过，注意手信号。"
主班："调度命令 98002 号，桃园站全站停电，上行进站执行特定引导，出站使用绿色许可证，编号 2，调度员赵一，车站值班员孙山。2 道通过，注意手信号，司机明白。"
副班："通过信号。"
主班："黄灯减速。"（手比）
副班："黄灯减速。"（手比）
监控人："电 28620 次司机，我是机务施工监控人员李四，桃园站特定引导手信号好了，速度 60 km/h 以下按压【开车】+【解锁】键解锁，不超过 60 KM/h 速度进站。"
主班："电 28620 次司机明白。机车号 HX D3B280，司机李安全。"
副班："特定引导手信号。"
主班："绿旗，特定引导手信号好了。（昼间为展开绿色信号旗高举头上左右摇动，夜间为绿色灯光高举头上左右摇动）。"
副班："绿旗，特定引导手信号好了。速度 60 KM/h 以下按压【开车】+【解锁】键解锁。"
主班："解锁好了，站立瞭望。"
副班："站立瞭望，确认距离。"
主班："距离正确。"
副班："距离正确。"
监控人："电 28620 次司机，我是机务施工监控人员钱五，桃园站通过手信号好了，监控装置进入绿色许可证选项，确认调度命令，输入绿色许可证 2 号确定后，按压【解锁】+【确认】键进入绿色许可证模式。"
主班："电 28620 次司机明白。"
副班："通过手信号。"
主班："手信号好了。"（展开绿色信号旗平举）
副班："手信号好了，速度 45 km/h 以下输入绿色许可证编号 2 确定后，按压【解锁】+【确认】键解锁。"
主班："解锁好了。"
副班："解锁好了。"
主班：（全列出站监控器恢复正常限速后）"前方注意，记点。"
副班："前方注意。仪表注意。"
主班："显示正常，缓解良好；注意轴温。"
副班："显示正常。"
主班："前方注意，揭示消号。"
副班："前方注意，揭示消号。"
副班："通过信号。"
主班："绿黄灯。"
副班："绿黄灯。"

副班:"道口注意。"
主班:"道口注意。"
副班:"遮断预告。"
主班:"无显示。"
副班:"无显示。"
主班:"女儿河车站电 28620 次接近去高桥镇方向。"
车值:"电 28620 次 4 道通过,经沈山下行线反方向行车,去高桥镇方向,调度命令 98018 号,调度员赵一,车站值班员孙山。"
主班:"电 28620 次 4 道通过,经沈山下行线反方向行车,去高桥镇方向,调度命令 98018 号,调度员赵一,车站值班员孙山,司机明白。"
副班:"过分相注意。"
主班:"过分相注意。"
副班:"禁止双弓。"
主班:"单弓好了。"
副班:"断电。"
主班:"断电好了。"
副班:"断电好了。"
副班:"闭合。"
主班:"闭合好了。"
副班:"闭合好了。"
副班:"确认控制电压。"
主班:"控制电压 110 V。"
副班:"控制电压 110 V。"
副班:"通过信号。"
主班:"黄灯减速。"
副班:"黄灯减速。"
副班:"进站信号。"
主班:"侧线,限速 45 km/h。"(手比)
副班:"侧线,限速 45 km/h。"(手比)
副班:"输入侧线股道号。"
主班:"4 道,好了。"
副班:"4 道,输入正确。"
主班:"站立瞭望。"
副班:"站立瞭望,确认车位。"
主班:"车位正确。"(校正好了)
副班:"车位正确。"(好了)
副班:"出站信号。"
主班:"出站好了。"(手比)
副班:"出站好了。"(手比)

副班："输入反方向数据。"
主班："反方向区段号 23，车站号 322，确认数据。"
副班："反方向区段号 23，车站号 322，数据正确，1 道出站信号机处对标。"
主班："1 道出站信号机处对标。"
副班："进路表示器（手比）。"
主班："白灯高桥镇站反方向好了。"
副班："白灯高桥镇站反方向好了。"
副班："出站信号。"
主班："出站好了（100 m 确认手比，以下同）。"
副班："出站好了（100 m 确认手比，以下同）。"
副班："注意对标。"
主班："对标好了。道岔限速 45 km/h。"
副班："对标好了。道岔限速 45 km/h。"
主班：（全列出站监控器恢复正常限速后）"前方注意，记点。"
副班："前方注意。仪表注意。"
主班："显示正常，缓解良好；注意轴温。"
副班："显示正常。"
副班："上下行开关置于下行位。"
主班：（转换后）"下行，位置正确。"
副班："下行，位置正确。"
主班："高桥镇站电 28620 次反方向接近。"
车值："电 28620 次高桥镇站 3 道通过，恢复沈山上行线行车，调度命令 98020 号，调度员赵一，车站值班员孙山。"
主班："电 28620 次高桥镇站 3 道通过，恢复沈山上行线行车，调度命令 98020 号，调度员赵一，车站值班员孙山，司机明白。"
副班："机车信号。"
主班："双黄灯。"
副班："双黄灯。"
副班："进站信号。"
主班："侧线，限速 30 km/h。"（手比）
副班："侧线，限速 30 km/h。"（手比）
副班："输入侧线股道号。"
主班："3 道，好了。"
副班："3 道，输入正确。"
主班："站立瞭望。"
副班："站立瞭望，确认车位。"
主班："车位正确。"（校正好了）
副班："车位正确。"（好了）
副班："出站信号。"

主班:"出站好了。"(手比)
副班:"出站好了。"(手比)
副班:"上下行开关置于上行位。"
主班:(转换后)"上行,位置正确。"
副班:"上行,位置正确。"
副班:"输入正方向数据。"
主班:"正方向区段号 15,车站号 143,确认数据。"
副班:"正方向区段号 15,车站号 143,数据正确,2 道出站信号机处对标。"
主班:"2 道出站信号机处对标。"
副班:"出站信号。"
主班:"出站好了"(100 m 确认手比,以下同)
副班:"出站好了"(100 m 确认手比,以下同)
副班:"注意对标。"
主班:"对标好了。道岔限速 30 km/h。"
副班:"对标好了。道岔限速 30 km/h。"
主班:(全列出站监控器恢复正常限速后)"前方注意,记点。"
副班:"前方注意。仪表注意。"
主班:"显示正常,缓解良好;注意轴温。"
副班:"显示正常。"
副班:"通过信号。"
主班:"绿灯。"
副班:"绿灯。"
副班:"通过信号。"
主班:"绿黄灯。"
副班:"绿黄灯。"
主班:"塔山车站电 28620 次接近去葫芦岛方向。"
车值:"电 28620 次 4 道停车,塔山—葫芦岛间使用路票发车,调度命令 98020 号,调度员赵一,车站值班员张山。"
主班:"电 28620 次 4 道停车,塔山—葫芦岛间使用路票发车,调度命令 98020 号,调度员赵一,车站值班员张山,司机明白。"
副班:"通过信号。"
主班:"黄灯。"
副班:"黄灯。"
副班:"进站信号。"
主班:"侧线,限速 45 km/h。"(手比)
副班:"侧线,限速 45 km/h。"(手比)
副班:"输入侧线股道号。"
主班:"4 道,好了。"
副班:"4 道,输入正确。"

主班:"站立瞭望。"
副班:"站立瞭望,确认车位。"
主班:"车位正确。"(校正好了)
副班:"车位正确。"(好了)
副班:"出站信号。"
主班:"红灯停车。"
副班:"红灯停车。"
主班:"11:20分停车,记点。检查机车。"
副班:"注意安全。"(探头防护)
副班:"确认路票。"
主班:"路票正确。"
副班:"路票正确。"
副班:"输入路票。"(按压向上键2s,将光标移至路票选项按压确认键。输入电话记录号2确认)"
主班:"路票输入好了。"
副班:"路票输入好了。"
副班:"发车信号。"
全员:"一圈、二圈、三圈,发车信号好了(副班司机到司机后面手比确认呼喊)。"
副班:"发车信号好了,按压【解锁】+【确认】键解锁。"
主班:"解锁好了。"
副班:"解锁好了。"
副班:"后部瞭望。"(全列起动10 m后交替进行后部瞭望,由非值班员侧人员先呼唤)
主班:"后部好了。"
副班:"后部好了。"
主班:(全列出站监控器恢复正常限速后)"前方注意,记点。"
副班:"前方注意。仪表注意。"
主班:"显示正常,缓解良好;注意轴温。"
副班:"显示正常。"
主班:"葫芦岛车站电28620次接近去兴城方向。"
车值:"电28620次葫芦岛车站6道停车。"
主班:"电28620次葫芦岛车站6道停车,司机明白。"
副班:"进站信号。"
主班:"侧线,限速45 km/h。"(手比)
副班:"侧线,限速45 km/h。"(手比)
副班:"输入侧线股道号。"
主班:"6道,好了。"
副班:"6道,输入正确。"
主班:"站立瞭望。"
副班:"站立瞭望,确认车位。"

主班:"车位正确。"(校正好了)

副班:"车位正确。"(好了)。

副班:"出站信号。"

主班:"红灯停车。"

副班:"红灯停车。"

主班:"11:40分停车,记点。(自阀最大减压,单阀全制位,主手柄0位,换向手柄中立位)检查机车。"

副班:"注意安全。"(探头防护)

……

……

"电28620次已减压140 kPa,可以摘开机车。"交接货票(在司机手册中签字)。

副班:向后2步显示拔头信号。

主班:"起动。"

主班:单缓走行2 m后停车。

(六)入库退勤

1. 请叙述入库退勤作业标准

内容略。

2. 请叙述防溜逸、防火灾风险点防范措施

风满制动撤防溜,确认制动再换端,重联制动再拔头,摘车先防后提钩;停车必保压,拔头减最大,单缓再前移;离车拧手闸,库停双止轮。漏、泄、松、虚处理好,甩保护时勤盯住;非端电器严禁开,灭火装置要良好,发生火险及时救。

3. 入库作业模拟开始

副班:"调车信号。"

主班:"白灯好了。"(副班司机到司机后面共同手比)

副班:"白灯好了。"

车值:"电28620次运转场4道入库调车信号好了。"

主班:"电28620次运转场4道入库调车信号好了,司机明白。"

副班:"进入调车。"

主班:"调车好了。"

副班:"调车好了。(距离调号20 m)调车信号。"

主班:"白灯好了。"

副班:"白灯好了。道岔注意。"

主班:"道岔一组、二组、三组好了。"

副班:"道岔一组、二组、三组好了。(闸楼一旦停车)一度停车。"

主班:"一度停车。"

副班:(下车签点,询问经路)"入库2道整备作业。"

主班:"入库2道整备作业。"

副班："进入入库模式。"

主班："进入好了。"

副班："进入好了。"

副班："入段信号。"

主班："白灯好了。"（副班司机到司机后面共同手比）。

副班："白灯好了"，（距调车信号20 m）"入段信号。"

主班："白灯好了。"

副班："白灯好了，道岔注意。"

主班："道岔一组、二组好了。"

副班："道岔一组、二组好了。"

副班："调车信号。"

主班："蓝灯停车。"

副班："蓝灯停车。"（库内整备场2道停车交班）

副班（叙述）："转储本次乘务监控记录文件，对机车不良处所做好引记并提票修理，对机车司机室进行清扫，做好防火、防溜工作，与地勤人员办理交接。"（加盖准许退勤章）

主班（叙述）："开好退勤小组会，总结一次乘务作业情况。（1）桃园站进站特定引导，出站绿色许可证，注意确认调度命令及行车凭证；（2）站场施工人员较多，加强鸣笛防止人身伤害）。"

副班（叙述）："二人共同到退勤调度员处退勤，提交司机报单、司机手册、运行揭示、施工明示图和IC卡（如运行中发生车机联控失控信息，还应按规定填写车机联控信息反馈单，退勤交回）。"

主班："电28620次乘务机班退勤。"

退调：（审核司机手册、司机报单填记正确，退勤检索单无问题）"准许退勤。"

主班："×××班司机（司机）×××。"

副班："副班司机（学习司机）×××。"

全员："模拟开车结束。"

➢ 任务实施

任务工单 6-1

任务名称：一次乘务作业
任务类型：小组讨论
任务布置： 　1. 掌握机车乘务员一次乘务作业各个环节 　2. 完整完成平地模拟开车演练
问题引导： （1）一次乘务作业包括哪几个作业环节？简述各个作业环节的作业要点？   （2）司机 IC 卡在哪个作业环节需要使用？完成什么操作？   （3）简述制动机的操纵原则？

参考文献

[1] 杨瑞柱. 电力机车运用与规章[M]. 北京：中国铁道出版社，2008.
[2] 吴严. 电力机车运用与规章[M]. 北京：中国铁道出版社，2002.
[3] 吴明华. 电力机车运用与规章[M]. 北京：中国铁道出版社，2015.
[4] 铁道部. 铁路机车操作规程[M]. 北京：中国铁道出版社，2013.